好书精读 Master 15′

商业新闻出版公司和轻松读文化事业有限公司提供内容支持

U0852320

企业成功的核心密码

轻松读大师项目部 编

中国盲文出版社

图书在版编目（CIP）数据

企业成功的核心密码：大字版/ 轻松读大师项目部编. —北京：中国盲文出版社，2017.11
ISBN 978 - 7 - 5002 - 8180 - 1

Ⅰ.①企… Ⅱ.①轻… Ⅲ.①企业管理—通俗读物
Ⅳ.①F272 - 49

中国版本图书馆 CIP 数据核字（2017）第 279871 号

本书由轻松读文化事业有限公司授权出版

企业成功的核心密码

编　　者：轻松读大师项目部
出版发行：中国盲文出版社
社　　址：北京市西城区太平街甲 6 号
邮政编码：100050
印　　刷：北京新华印刷有限公司
经　　销：新华书店
开　　本：787×1092　1/16
字　　数：62 千字
印　　张：10.25
版　　次：2017 年 11 月第 1 版　2017 年 11 月第 1 次印刷
书　　号：ISBN 978 - 7 - 5002 - 8180 - 1/F · 184
定　　价：36.00 元
销售热线：(010) 83190297　83190289　83190292

出版前言

数字文明为我们求知问道、拓展格局带来空前便利，同时也使我们深受信息过剩、知识爆炸的困扰。面对海量信息，闭目塞听、望洋兴叹固非良策，不分主次、照单全收更无可能。时代快速变化，竞争不断升级，要想克服本领恐慌，防止无知而盲、少知而迷，需尽可能将主流社会的最新智力成果内化于心、外化于行，如此才能更好地顺应时代，提高成功概率。为使读者精准快速地把握分散在万千书卷中的新理念、新策略、新创意、新方法，我们组织编写了这套“好书精读丛书”。

这套书旨在帮助读者提高阅读质量和效率。我们依托海内外相关知识服务机构十多年的持续积累，博观约取，从经济管理、创业创新、投资理财、营销创意、人际沟通、名企分析等方面选取数百种与时俱进又经世致用的好书分类整合，凝练出版。它们或传播现代经管新知，或讲授实用营销技巧，或聚焦创新创业，或分析成功者要素组合，真知云集，灼见荟萃。期待这些凝聚着当代经济社会管理创新创意亮点的好书，能为提升您的学识见解和能力建设提供优质有效便捷的阅读资源。

聚焦对最新知识的深度加工和闪光点提炼是这套书的突出特点。每本书集中解读4种主题相关的代表性好书，以“要点整理”“5分钟摘要”“主题看板”“关键词解读”“轻松读大师”等栏目精炼呈现各书核心观点，崇真尚实，化繁为简，您可利用各种碎片化时间在赏心悦目中取其精髓。常读常新，明辨笃行，您一定会悟得更深更透，做得更好更快。

好书不厌百回读，熟读深思子自知。作为精准知识服务的一次尝试，我们期待能帮您开启高效率的阅读。让我们一起成长和超越！

目 录

在大家对突破性新科技和新商业模式一片叫好之际，做好几个小型项目方案，在许多情况下反而可以带来更多利润。也就是说，一家公司想要大幅度增加收入，靠的应该是每天的积累以及为适应市场变化随时进行的微调整，而不是石破天惊的大变革。成长是一个积小变到大变的过程，不能一蹴而就。

每一位创业者迟早要面临的抉择是，必须决定公司要成长到什么规模、成长速度要多快。不会有人帮你做好面临抉择的准备，也不会有人告诉你该作决定的时机。并不是所有企业的创始人都希望公司上市，然后卖出股份，从此过着潇洒的日子。现在越来越多的企业会刻意选择不上市，这些“小巨人”企业已经快速成为美国商业界强大的力量，他们有独特的精神或“魔力”。

企业成功的范例比比皆是，但是能保持稳定发展、历久不衰的却寥寥无几。在事业发展的各个阶段，都有潜藏危机，倒闭与成功仅是一步之差。唯有保持不断前进的能力，才能永保巅峰！

管理者的职责，莫过于确保员工发挥最高生产效能，为公司奉献全部心力、贡献绩效。然而，许多老板和主管却常常忽略，自己的一言一行、待人处事能影响下属的工作情绪。唯有创造让人快乐的环境，将对的人放在对的位置，并深入了解员工的想法和感受，才能提高人力效率，带来最好的工作绩效。

利润是这样增长的

That's How Profit Goes Up

原著作者简介

瑞姆·查蓝(Ram Charan)，资深商业顾问，曾为多家500强企业首席执行官提供咨询服务。查蓝博士毕业于哈佛大学商学院，曾在哈佛大学及美国西北大学任教。其著作包括：《首席执行官要你知道的事》和《高效董事会》，合著作品包括：《执行力》和《每个企业都可以是成长型企业》。

本文编译：陈智文

主要内容

5分钟摘要

每一天都是创造永续利润的关键

一家公司想要大幅度增加收入，靠的应该是每天一连串小规模成就的累积，以及为适应市场变化不断作出的战略微调，而不是靠石破天惊的变革。要实现这些小变革，关键不在资深管理层，而是组织里的每个人都要共同投入这项任务。换句话说，就是每个人都应该致力于公司的成长规划。

要落实全员投入公司利润增长这项规划，应该利用 10 项工具。

10 项有助利润增长的工具	
1	使利润增长融入每个人的日常工作
2	试着击出“一垒安打”和“二垒安打”
3	了解好成长与坏成长的差别
4	消除不实观点
5	利用现有资源提高生产力
6	发展并执行企业成长预算
7	开发上游营销能力和活动
8	增强交叉销售的能力
9	在企业文化中植入增长引擎
10	把创新构想转换成收入增长

一 使利润增长融入每个人的日常工作

如果只有资深经理试图让公司保持利润增长，企业就会忽略掉许多机会。因此，每个层级的员工都应该积极努力增加各自领域的收益。企业利润增长必须是组织成员每次会议和报告的核心要素，如此，组织才能出类拔萃。

每个人都渴望企业利润增长，但企业要实现真正利润增长却显然很困难，原因如下：

◎一般公司花在减少成本和强化运营上的时间和精力，往往超过为增加收入而花费的时间和精力。

◎大多数经理人认为的企业利润增长，都是像突破性科技之类的技术进步，而不是通过日常、稳定的进步所带来的企业利润增长。

◎业界普遍认为提高生产力就是精简组织和

降低成本，而不是那些能带来更好竞争地位和提升收益的事情。

◎多数基层员工认为，收益增长只能由组织资深管理层来实现，因此，大多数员工不会把增加公司收益视为个人的责任。

事实上，一线员工才是促进企业利润增长的理想源头，因为他们整天与顾客面对面，能够通过观察得知顾客有哪些需求尚未得到满足。比如，客服人员知道哪些东西是客户需要但无法得到的；维修人员明确知道顾客想要升级哪些产品，以及他们对新产品的期望；业务人员是绝佳的（却经常被忽略的）市场消息来源；后勤行政人员了解具备足够的存货是满足顾客需求的重要一环，这是提升顾客满意度的基础。

如果每个人都能积极参与公司对收益增长的努力，整个组织前进的动力就会变得更强。对个人而言，员工若看到自己的构想付诸现实，即可提高他们的自信心。如果企业每个层级的每位员工，都能专注加强对顾客的服务以求企业利润增长，整个组织就能向前跃进。

关键思维

许多曾与我共事过的人会发现，企业收益增长不只是由专家负责的领域，其他人例如业务人员或产品研发人员一样都负有责任。企业利润增长是每个人的责任，就像棒球赛，每个人都有可能击出“一垒安打”或“二垒安打”；商场上，每个人也都有机会增加收益。事实上，处于非主管职位的员工这么做有相当大的好处。没有企业利润增长，个人机会就成了一场零和竞赛；若能创造企业利润增长，扩张组织，大家就可以在他们信赖的公司里建立事业和未来。

——瑞姆·查蓝

二　试着击出“一垒安打”和“二垒安打”

我们无法预期企业利润何时会有突破性的增长，因此，最好努力在日常工作中一点点改进。日积月累，持续性的进步也能拥有惊人的收益增长。

与其将突破（相当于棒球赛的“全垒打”）与利润增长画上等号，倒不如连续击出一、二垒安打，累积达到更好的结果。小幅进步通常来自深刻思考顾客目前未满足的需求，并进一步结合公司的现有做法，朝满足这些需求推进。

小幅进步是向前看的，不频频回顾过去。当一家公司的执行能力胜过竞争对手时，就能创造小幅进步。

组织的每个部门都应该不断追求小幅进步，要评估组织在这方面的表现，可尝试对各个部门进行若干调查。

业务部门

◎是否把大部分心力放在具有最大潜力的顾客身上？

◎是否尽力找出各种可能的途径，发挥利用我们的智慧，去帮助顾客发展他们的事业？

◎是否了解顾客如何作决定，以及他们使用的内部社交网络是什么？

◎针对较大型的顾客，我们是否派驻业务人员，了解该客户的所有情况，并持续注意新的商机？

◎市场细分是否精确到能够发掘出更多新商机？

◎我们的价格策略是否反映产品所提供的价值，并且让我们能有效地区分市场？

◎品牌塑造、广告和促销活动是否提升了顾客对我们产品和服务的关注度？

行政及物流人员

◎配送服务让顾客订购商品的可能性有多大？

◎我们是否确实了解外界对我们的信赖程度？

制造部门

◎生产流程是我们的一项竞争优势吗？

◎我们的出货够准时吗？

◎我们有哪些做法是能够改善这个领域未来绩效的？

财务部门

◎是否正在利用公司的独特技能，帮助业务部门设计吸引潜在新顾客的价值计划？

◎是否给顾客提供及时、详细且完全正确的账单？

◎是否尽一切努力，避免与顾客因为不正确的账单而耗时争论？

信息科技部门

◎是否能及时获知顾客正在购买哪些商品？

◎是否分析竞争者是如何利用信息科技维持他们的竞争地位的？

◎是否通过分析买主的行为模式，寻找可行的交叉销售机会？

◎信息科技部门是否已经整合到日常运营的每个部分，还是该部门依然被视为独立的部门？

人力资源部门

◎是否尽一切努力创造内部联系，并打破不同部门间的藩篱？

◎人力资源团队是否将收集到的顾客信息，传播到组织的各个角落？

显而易见，创造小幅进步不需要投入庞大的研发计划和专业技能，组织内各层级的经理人和员工，都能为逐渐增加收益贡献所能。这些改变将产生动力，小进展越多，组织成长、超越竞争者的机会就越大。

关键思维

经由小幅进步增加收益可在公司内部建立一种心态：一旦“全垒打”的机会真的出现，组织便有更好的准备发挥实力。例如戴尔，从1993年起，利用降低现金支付比例、降低价格等小幅进步来改善存货周转率。戴尔初期的目标是提高存货周转率，当时每年平均存货周转6到10次。后来，戴尔持续改善其供应链上的存货总数，让存货周转率高达每年100次，或不到4天1次。结果是带来更高的收益增长，目前已经成为对抗所有个人电脑制造商的致命竞争武器。此外，这个供应链还为戴尔提供了进入打印机、服务器和储存设备等新市场的机会，从而加速了收入的增长。

——瑞姆·查蓝

三 了解好成长与坏成长的差别

好成长是从组织内部产生的，从资源观点来看，这种成长是持续且有效率的。坏成长是单一性交易，这种成长通常无法提供长期持续的成长。

任何一种成长的定义中都包含增加收入，但成长不尽相同，大致可分为两种方式：

（1）坏成长——公司的短期决策会对长期价值产生负面冲击时，便是坏成长。

◎许多并购和收购，都基于创造综合效益和消除重复支出以精减成本的目的。但历史证明，这些合作很少能实现初衷。

◎一旦公司利用降低售价争取市场占有率，却没有减少相关支出，此举就是牺牲获利能力以换取企业成长。

◎如果企业给某些顾客提供特殊的优惠条件，最后会导致每一笔交易都赔钱。

（2）好成长——公司若能让营业额增长的同时，也增加当期净利，并进而创造股东价值，这就是好成长。

◎好成长有利可图且符合资本效益。简单地说，好成长的报酬率高于其他安全的投资。

◎好成长以自发性居多，是组织内部构想的结果，而非外来的产物。组织的自然成长来自于员工与顾客相互合作，找出使用产品、服务或专业技术的新方式或占领新市场。

◎好成长是差异化的结果，会让顾客认为你的产品和服务优于其他厂商的相似产品，这种差异化或许可以通过比竞争者更好的交货服务、更好的情感诉求，或更好的售后服务体验来实现。有些公司通过后勤行政体系或其他供应链上的优异表现，达到差异化效果。

◎好成长永远是持续性的。这不是采取一次

用尽所有潜在资源以创造收益快速蹿升的冲动，而是能够年复一年持续的行动。

关键思维

创造企业内部成长的能力，将能为公司建立长期获利并打下企业成长坚实基础的首席执行官，与那些通过收购和财务操作疯狂增加收入的首席执行官区分开来，后者会制造出根基不稳、甚至最终崩溃瓦解的企业成长模式。例如，许多收购行动只提供一次性的进展，也就是消除公司合并后重复的成本；就算有再进一步的进展，也极少数能在收入增长率上展现出任何显著的改进。

——瑞姆·查蓝

四　消除不实观点

一旦大家接收到“我们处在一个无法成长的行业”，或“顾客只根据价格购买”这类不实的观点后，就没有人愿意再去努力寻找促进企业成长的方法。领导者必须消除可能造成阻碍的不实观点，为组织营造增加收益和事业成长的紧迫感。

领导者若想找到增加收入和获利的机会，就必须亲自投入努力来追求成长。如果领导者对自己的下属说，“我们已经处在一个非常成熟的不景气市场”，那么就会自我应验预言，没有人会认真去想还能做什么来让公司成长。相反，如果领导者“身体力行”，并持续坚定地传达成长是可实现且相当重要的目标，其他人也会效仿。

想有效启发他人尝试新的成长构想，企业领

导者必须取得有关顾客需求和竞争者动态的一手信息。领导者不要让助理代劳搜集信息，应该亲自和顾客、一线员工及供应商交流。领导者也要拜访他们的竞争者，学习他们正确的做法。接下来，领导者还需要找到组织内部沟通的方式，以及追踪工作成果的有效工具。实际上，大多数公司会发现，每周单独以增加收入为主题召开会议，讨论在该目标上做了哪些努力，效果会更好。

即使处在一个不景气的行业或市场，仍然可以区分出来成长和衰退的市场区块。好的领导者会不断地寻找将组织带进成长区块的方法，想办法再细分整个市场，以便发掘更多机会。这可能需要更广义的市场定义，以争取占领更广的市场份额。

以成长为导向的领导者必须帮助组织面对风险。每当企业尝试新的做法，风险就会出现。好的领导者除了可以保证高风险有与之相对应的高报酬，也应该竭尽全力降低并管控风险。例如，或许可以通过与其他公司结盟来分担风险。一旦领导者找到收益不错的风险与报酬率组合之后，便可以开始研究所有的关键假设。接下来领导者必须决定，什么才是控制那个关键假设中所有风险的最佳方式。

关键思维

每位领导者都需要一份企业日常成长进度表，并有能力让员工把增加收益及事业成长作为企业发展的当务之急。

——瑞姆·查蓝

五　利用现有资源提高生产力

一旦被问到“企业如何四两拨千斤”时，大多数人的观念都是要精简资源。更好的态度是，寻求如何利用现有的资源达到更好的效果。要充分利用现有资源，你必须分析如何创新地完成每项工作。

就传统概念而言，提高生产力的办法几乎都是从成本方面来考虑的，也就是减少开支。相反，收入生产力则指在同样的成本水准下增加收入。换一种说法是，收入生产力可以通过收入大幅增加、而支出费用仅小幅增长来实现。

收入生产力需要不同的思维定位。

◎分析公司每项日常工作，以找到更多“超值方案”。如，让电话服务中心的人员从“多快能让顾客挂电话”的心态转变成“多快能让打电话进来的顾客，从潜在的抱怨者变成向亲友推荐我们产品或服务的人”。

◎需要有前瞻性的思维。例如，如果你用优秀的超级业务员，取代薪水低的业务员（完全不能胜任他们的工作），工资的支出将会大幅攀升，但相关业务的收入可能会增加更多。

◎需要有独创性的思考。例如，业务区域应该根据地理位置还是消费者细分来组织管理？成本生产力显示以地理区域来组织管理较佳，收入生产力则倾向于后者。

◎需要专注在关键问题上。例如在电影业，制作一部电影所耗费的时间与电影成败没有太大关系，其成败完全取决于上映的第一周能否创造热烈的回响。如果电影能在上映的第一周就缔造高票房神话，其他一切都不必再担忧。

◎不是组织最高层的专属问题。收入生产力可以是维修人员在外出服务时通过观察顾客的家，发觉出还有哪些用品需要维修或替换，然后将信息传给业务部门这类简单的事。

关键思维

收入生产力对每一种事业都极为重要，尤其对毛利低、固定成本高的行业更是绝对必要，如汽车业。如果一家像通用这么大的公司只专注在降低成本，而没有创造额外的收入，获利成长不足，结果就会造成缺乏足够的资源来更新产品线。

——瑞姆·查蓝

六　发展并执行企业成长预算

你必须制订企业成长预算。除非做好这项预算，否则大家只会为了讨好老板而空谈如何帮助企业成长，不会有任何具体行动。

成长预算的概念是简明易懂的，内容包括：

(1) 列出一张你能着手增加组织收入的计划，以及每项计划可分配到的资源等级。

(2) 作出短期、中期、长期3种计划。

◎短期——1年内就可以创造更多收入。

◎中期——2～5年见效。

◎长期——5年以上。

(3) 为所有短、中、长期计划设定预算的优先顺序。

通过编制一个成长预算，管理者可以知道什么资源可用于为企业创收。追求成长的组织，可以利用成长预算有效地设定计划，从而找到需要的经费。换句话说，一个好的成长预算将通过整合全公司的力量，用以增加业务收入。

成长预算也能凸显企业成长计划的缺点。举例来说，如果管理团队夸下海口声称业绩将增长两倍，成长预算将十分明确地显示和检验，公司是否有足够的资源实现那个目标。

成长计划的经费通常有4种来源：

◎来自缩减的产品线及成长中产品线的资源再分配。

◎来自市场占有率减少的部门和市场占有率增加部门的资源再分配。

◎把过去配置在研发等较广泛、具有一般性组织功能的资金，再分配到特定的成长计划上。

◎组织内部决定增加支出，以争取更多的收入，即使此举将对短期的财务表现造成负面冲击。

七　开发上游营销能力和活动

上游营销，就是选择应该专注在哪些消费者区间，以及在不同价格下该采取什么行动来争取顾客。很少有公司尝试利用上游营销这个绝佳的方法来为公司增加收入。

上游营销是未来收入增长的基础，是一种能够锁定特定消费者区间需求，并且比竞争对手更能满足这些需求的能力。若能有效执行上游营销，便可带来持续稳定的收入增长。

大多数人倾向忽略上游营销，而选择专注于下游营销活动——品牌塑造、广告、促销、顾客服务、顾客关系管理等。虽然这些下游营销活动很重要，但这些工作其实相当依赖上游营销的品质。除非你能详细指出你要把产品卖给谁和你要卖什么东西，否则下游营销不会有多大的成果。

上游营销提供销售的基础，然后，下游营销根据此基础发挥提升需求的效用。

如何建立上游营销能力？

◎从市场地图起步——俯瞰你的整个市场目前如何划分，这份市场地图可以使用任何你认为有意义的标准来划分。一份好的市场地图将标示出你现有的客户是谁、他们的需求是什么，为什么和竞争者比较起来，他们更喜欢你的产品和服务。

◎加入有关客户需求的一手信息——这些信息可能是通过你亲自与顾客接触，或者是根据重要员工搜集的信息所组成的快速市场情报。你也需要了解需求链中的每一个环节，如此才能同时了解产品的潜在买主和其最终使用者。

除了了解顾客基本需求之外，你还需要分析顾客如何作出购买决定。若有可能，亲自参与这个过程。注意哪些是说服顾客购买的必要做法，并找出这个过程随着时间如何改变，以及未来可能的变化方向。

◎仔细观察你目前如何细分市场——改变市场细分是上游营销的关键工作。顾客会随着时间的改变而有不同想法和需求，试图满足整个市场是不切实际的，因此，根据特性将市场分割成不同的区间是有帮助的。通过整个市场的细分，你或许会发现目前没有服务到的区间，能够通过小幅调整产品或服务后顺利进入。每一次进入一个新的市场区间，你就有机会增加新的业务收入。进行市场再分割的目的，就是找到哪里可以投入更多资源，以创造更多收入。市场再细分也是找出能够减少支出，但依然可以达到同样业绩的方法。

◎去找你的业务人员，询问他们对市场状况的了解程度——理想的状况是，业务团队知道客户业务的状况。

◎通过寻找新的顾客需求，来寻找新的事业机会。必须有足够详细的计划，才能开发出既符合顾客需求，又能创造利润的产品和服务。上游营销的真正精髓正是推出可满足顾客需求的新产品。

大多数的公司都善于促销已经推出的解决方案，但不善于调查顾客实际的需求和开发对应相关需求的新产品或服务。企业要想成功增加收入，必须要培养上游营销的能力。

关键思维

由于顾客的需求不断改变，因此必须不断进行市场细分。市场会不断经历人口结构、地理或科技的改变，寻找用不同方式分割市场，你可以创造新的邻近市场，或者进入某个竞争者占领的邻近市场。不论如何，这都是一项有效的成长工具。

帮客户获取市场利益，是拓展个人事业的极佳要素之一。

——瑞姆·查蓝

八　增强交叉销售的能力

与其说："我们还能卖什么给顾客？"你不如主动提出一套独特的价值计划（综合产品与服务），然后呈现给正确的决策者。这是一个为企业创造更多成长的绝佳基础。

交叉销售看似简单：利用优惠的条件搭售产品和服务，说服现有的顾客和你做更多生意。但做起来并不容易，商场上充斥着各种各样失败的交叉销售方案，通常基于以下 3 个原因：

◎顾客没有非买不可的理由。

◎企业没有瞄准正确的细分市场。

◎业务人员大多将心力放在自己负责的产品上。

要成功交叉销售，必须从顾客的角度出发，而非从组织的角度。换句话说，你必须设计一套能让顾客了解，并且吸引他们的销售计划。除非你能详细地了解顾客的优先顺序和需求，否则无法预测哪种计划对顾客是有吸引力的。

成功的交叉销售计划有 4 个步骤：

◎先看清全貌——利用搜集到的顾客实际需求及条件的信息来做好这项工作。

◎辨识出主要决策顾客——并了解他们如何作出决定及他们根据哪些信息来作出决定。

◎综合搭配一套产品和服务——针对顾客的实际需求量身定做。

◎向顾客展示你提出的计划如何为他们带来真正的量化效益——如成本下降、毛利提高、改善现金流量、提高市场占有率，或增加他们公司的收入。之后，这些效益还可以通过其他定性效益强化（如提高顾客满意度和提升品牌形象）。

无论是大型还是小型的组织，都可以通过主动进取的交叉销售进行自我重塑和增加收入，这些构想也可以改变组织向前发展的内因，奠定未来更多成长的基础。

关键思维

执行交叉销售的必要因素是，业务员具备广泛而深入的商业思考能力，可以设法从顾客身上取得准确的信息，然后利用这个信息设计一项正确、有吸引力的计划。

——瑞姆·查蓝

九　在企业文化中植入成长引擎

当组织将发展列为首要任务时，发展就成为所有正式与非正式对话的主题，之后大家开始视推动企业成长为个人责任，而不是将其推给别人。

实际上，大多数的新构想是在组织内成员互相交换信息时产生的。这种信息交换越频繁，就越能产生更多构想，就越有机会让能够创造大幅收入的构想冒出来。这是创造“社会引擎”的概念，即建立一个让信息在整个组织内流动的结构。

好的信息必须具备4个特质：

◎未经中间者过滤。

◎及时——尽可能快速地传达。

◎同时传递给所有人——不是相继地传递。

◎直接切入重点——避免扭曲失真。

信息不仅仅是谈话，当信息规律地流动，便能建立起稳固的社会关系。信任有助于增加好的构想流动，组织成员开始用最好的方式协力合作，提出好的构想，并将这些构想化为实际行动，进入一个成功接又一个成功的良性循环。

社会引擎提供人们朝向共同目标合作的架构，这个引擎不是完成短期任务的工具，更像是连接所有事物的黏合剂。建立社会引擎的步骤有6个：

（1）资深管理团队必须承认目前那些尝试促进企业成长的方式的功效并不明显。管理团队必须一致认为，企业的成长是必要的。他们需要和员工面谈，告知企业成长的优点是很多的，只要一点点努力就可实现。

（2）事业部经理必须接受企业成长的需求，并将此传达给基层员工。

（3）成长工具必须随处可得。如此每个提出增加收入构想的人，都有机会进一步提升、完善他们的计划。

（4）成长构想必须接受实地测试，看看哪些可行，哪些不可行。订立一个准确的时限（如100天），集中注意力找出任何执行中可能遇到的问题。积极奖励任何可行的构想，鼓励其他人大胆跟进。最好让几个100天计划同时进行，让企业成长有保证。

（5）发展成功测试所创造的短期胜利模式。依循以下3条明确的轨道：

◎短期计划——将在一年之内完成。

◎中期计划——专注在两年到五年内的结果。

◎长期计划——五年以上才有成果。

针对个别计划，决定需要多少预算和资源。

（6）建立一套监督和检讨制度，持续追踪每项发展计划的进展。

建立社会引擎迫使组织变得更以顾客为中心。这是一种经营事业的方式，只要是顾客想要的，都应将其纳入公司的每项决策当中。在以顾客为中心的公司里，顾客的声音回荡在公司每次的讨论中，大家时时谈论顾客的需求和购买行为。经由这样的过程了解顾客，并获得消费者信息，便能创造有利的成长。

关键思维

服务部门的成员是可以让组织实现小幅度成长的部门。他们每天直接与顾客接触，如果你训练他们在每次与顾客互动时多问几个问题，不仅能发现顾客不喜欢你产品的原因，同时也能发现他们希望你增加哪些东西。当然，这些信息也可以创造出新产品、新服务和新收入。

——瑞姆·查蓝

十　把创新构想转换成收入增长

成长和创新并不是孤僻天才专属的领域，事实上新构想的筛选和成形，必须靠合作、沟通和团队协作才可能完成。创新应该是一种社会过程，而非技术过程。

所有收入增长都从一个构想开始，这个构想被接受、成形、精炼，最后被执行。大多数人以为只有天才或资深管理层才能提出有价值的构想，但实际上，创新是所有人都能参与的社会过程。

将新构想转变为收入增长的过程有5个相互关联的步骤，每一个步骤都需要一套不同的技能才能做好。

1. 概念构成

在一致的基础上提出新构想。很多时候，这

需要消除某些官僚体制，让有好构想的人可以自由地提出他们的想法。作为领导者，你应该持续强调新构想需求，并创造某些正式的信息网络，帮助新构想实现。你的组织也应该强化与外界（供应商、顾客或合作伙伴）的联系，让外界的构想也能被听见。

2. 选择

决定哪些构想可以投资，哪些暂时搁置。真正能充分发挥选择作用的条件是，采用一致、透明的选择标准，而不是看首席执行官的脸色。

3. 培育

构想被筛选出来后，就需要提供这些构想实现所需的资源。构想计划的负责人必须有良好的沟通网络，且愿意用不同的方式重新架构想法，让组织内的不同部门都能接受。培育这些构想的人需要耐心，因为发展过程几乎都比原本期望的久。他们也需要坚强的毅力，因为过程中必须克服许多组织上的阻碍。计划培育者必须是多面手，他们必须有能力从各种不同角度审视一个构想，提出足够完善的做法，为组织带来额外的收入。

4. 开始执行

让产品或服务进入市场。通常，提出构想的人都不是适合执行的人。执行经理需要一份严谨的预算，即使有了这项预算，还有3个潜在的问题必须克服：

◎资金有可能不足。

◎市场可能尚未准备好接受这个新构想。

◎有助于执行新构想的适当人选可能正在其他部门工作。

一位好的执行经理必须揪出这些议题、克服困难、交付各项职责，待一切准备就绪，然后将产品或服务推出上市。

5. 尽早终止失败构想

让失败的构想尽早终止，这是创新流程的关键部分。让失败的构想尽早结束，组织成员清楚哪些不痛不痒的计划正在占用多数的资源，如果你只因为那是首席执行官的提议，就持续投资这些不好的构想，此举将传达出不利于创新的强烈信息。相反，如果不好的构想在明显无法成功后迅速被终止，大家便可以看到选择过程是公开、诚实且透明的。迅速终止坏构想不仅能释放出资源，还可以鼓励员工更客观地思考，假以时日，组织的判断能力也会因此得到持续加强和改善。

关键思维

一旦组织具有每位成员都可以了解的详尽成长规划，成长便成为所有正式与非正式讨论的中心焦点。随着一个接一个成长方案的提出，所有层级的员工都将视企业成长为每个人的职责。

——瑞姆·查蓝

追求 A^+ 不要大

Companies That Choose to Be Great Instead of Big

原著作者简介

保·伯林罕(Bo Burlingham)，1983～1990年任职于《企业》杂志，现为该杂志特约编辑，同时也为《君子》《哈泼斯》《琼斯妈妈》与《波士顿环球报》等报刊撰稿，合著有《春田再造奇迹》《你的企业，我的事业》等书。柏林罕曾于1992～1997年担任“美体小铺”董事，并与管理学大师汤姆·彼得斯共同创办PAC World网络团体。

本文编译：林锦慧

主要内容

关键词解读

“小巨人”商场的两大概念

私有公司

私有公司，是指股权属于少数个人、不公开募股的公司形态。美国大多数企业都是私有公司，其中不乏全球知名企业，例如知名牛仔裤品牌李维斯公司以及贺曼贺卡公司等，目前全球最大的私有公司是美国电脑软件公司 SAS，年收入超过 16 亿美元。私有公司因为不必顾虑股价压力，经营者可以依自己的判断，把获利用在技术研发、人才培育等长期基础建设上，因此获利能力常常能够超越行业中已经上市的竞争对手。

社会参与

欧美企业从 20 世纪 50 年代以来，社会参与程度逐渐提高，主要方式有设立基金会、捐赠以及执行社区关系方案等。经济全球化之后，社会参与的做法从舒缓表层病征改为解决根本病根。比尔·盖茨募集约三百亿美元成立世界最大的基金会，为贫困地区的孩子提供各种药物及疫苗援助。盖茨表示：“我们对未来仍然乐观，因为我们知道问题可以解决。”

5分钟摘要

“小巨人”商场成功的关键

并不是所有企业的创始人都希望公司上市，然后卖掉股票，从此过着幸福快乐的日子。现在越来越多的企业与创办人，选择截然不同的经营路线。这些企业会保持在特定发展重心上，希望能成为行业里的 A⁺ 企业，而不只是一味想扩大公司规模。它们刻意不上市，这样就不必像上市公司一样必须面对审核与种种要求。这些“小巨人”已成为美国商业界强大的力量，有着自己独特的精神或“魔力”。

财经媒体大多把报道重心放在上市公司身上，而上市公司实际只占所有企业的一小部分。私有企业可以在维持现有规模的同时，轻松地为企业带来丰厚利润，而企业主则可以打造出绝佳的工作环境，让自己享有优渥的生活，不必永无止境地重复同样的工作，也不必为追求利润绞尽脑汁。

整体而言，“小巨人”为业界增添了不可或缺的活力与变化，并且用自己的经验阐释了：企业如果能够避开规模过大、运营范围过广，或扩张过快的陷阱，就能够实现自己理想的成就。

小型企业之所以成为“小巨人”，是因为它们做到了 7 项关键事项。

“小巨人”在商场成功的关键

1. 切勿让公司规模过大或成长过快
2. 把所有权紧握在自己人手中
3. 与公司所在地建立紧密而持续的关系
4. 与供应商和顾客发展出坚如磐石的关系
5. 满足员工的真正需求
6. 营造合适的企业文化
7. 让员工做自己热爱的事情

轻松读大师

一 切勿让公司规模过大或成长过快

迟早你要决定公司要扩大到什么规模、成长速度要多快。所有顾问都会鼓励你尽快让公司成长，而且规模越大越好。不要理会这些建议，依照自己的意志作决定，选择与众不同的路并没有什么不好。

从各种媒体报道来看，企业好像必须扩大规模然后上市才称得上“走正途”。你所有的专业顾问，包括与你有往来的银行主管、律师、会计师，还有企管顾问，都会不断鼓励你尽快让公司成长，并且尽可能扩大公司规模。这些顾问会这样建议的原因是，你公司的规模越大，就会让他们的建议看起来越明智，更可能吸引你在未来与他们做更多生意。

尽管有种种上市压力，但还是有其他经营方

式值得好好考虑。企业主也可以采取不受媒体关注的经营方式，那就是不让公司上市，自主经营。这种经营方式跟公司上市比起来，有 7 项明显益处：

◎可以选择自己想要的生活方式，营造自己的生活圈子，不必向其他股东说明。

◎可以依照自己的想法制定运营决策，而且除了自己之外，不用跟任何人辩护自己的决策。

◎只要你愿意，可以善待员工，把他们当成自己的家人。

◎可以自行决定公司规模，如果选择维持现有规模，不打算继续让公司成长，那也无妨，随你决定。

◎可以打造出企业独特的个性，这是对手不论花多少钱都无法复制的。

◎如果你愿意并觉得有必要，可以“冲动行事”，甚至可以选择走险棋。

◎能够自由地去做自己最想做的事，不必只

追求收入。

整体来说，经商成功不像你认定的那样，只有一种方法。商业界对上市公司的赞赏以及媒体对上市公司的过度关爱，使得大多数人以为上市是成功的不二法门。错！经营企业永远有其他更好的方法。

关键思维

如果我没有放手一搏，就不可能有今天。一旦引进外部资金，把股权让给外部投资人，就没有退路了。我从不后悔把股权留在自己手上，因为如果我不这么做，就会非常不快乐。现在我和太太每个星期都会举杯，庆祝我们有多么幸运。

——盖瑞·艾瑞克森，Clif Bar 公司创办人

如果在你所处的行业，必须靠企业规模来衡量成功与否，那么你就没办法打造出“小巨人”企业。在这样的环境下，你无法抵抗要求你快速成长的压力，而且无论你一开始投入多少资金，

迟早都得对外募资。所有成功企业都会面临巨大的成长压力，而且压力会从四面八方涌来。如果任由压力摆布，这些压力会替你作决策，让你没有机会决定自己的路。

——保·伯林罕

二　把所有权紧握在自己人手中

如果不能拥有公司的所有权和主导权，你最后就不得不放弃自己的抱负，而必须实现别人设定的成长目标。绝对要避免这种情况。就算公司成长缓慢，也要把公司的发展大权握在自己手中。

企业的资本结构，是企业为了换取成功的牺牲品。要让事业成长或是达到一定规模，都必须拥有资金，而且这笔资金通常要靠引进外部投资人才能获得。如果你想要有机会打造成功的“小巨人”，就必须避免引进外部投资人。

不适合引进外部投资人的原因有 4 项：

◎外部投资人一定会为自己的投资寻找退场机会。因此，如果有潜在买主想要接手，外部投资人一定会热切地促成交易，就算会对公司造成不良的后果也在所不惜。

◎外部投资人希望自己的投资价值能一目了然，因此他们希望上市公司能有透明的财务，股票也能够流通交易，这样他们才可以更确切地了解自己资金的投资回报。投资非上市企业，当然不容易判断实际的投资价值和回报。

◎外部投资人会希望企业成长，所以会对你施加压力，要你牺牲自己选择的方式来追求成长。外部投资人投入资金，一定会伴随附加条件，那就是期待自己的投资能获得丰厚的报酬。

◎外部投资人通常会希望你招聘经验丰富的经营团队，而不是由你自己来经营，而且他们投入的资金越多，这样的期待就越高。如此一来你会让自己陷入“进退两难”的处境，不招聘经验丰富的经理人，就募集不到充足的外部资金让事业成长；但是经验丰富的经理人又“物稀而贵”，会花费公司大笔资金。而且，经验丰富的经理人更希望加入准备上市的企业，因为这可以为他们的履历再添一笔傲人的功绩。

除了有外部投资人要求企业成长的压力之外，在你的事业中，还会有其他成员急于看到公司成长：

◎员工会希望有机会负责新的工作，让自己的职业生涯更上一层楼；同时希望自己的工作是充实、有挑战性的，能够让自己进步，而不想一再重复同样的工作。

◎供应商会敦促你的企业尽快成长，如果你是他们的经销商之一，那么情况更是如此。

◎你最忠实的顾客会常常要求你扩大与他们的生意往来，例如给他们不同地区的门市源源不断地供货等。

◎你会听到来自四面八方的声音，都是要你企业大幅快速成长。大家对于创业根深蒂固的观念就是要成长，任何人都会觉得企业规模越大越好，并且认为你应该善用每一次可能的成长机会。

个案研究 1——美国加州旧金山市 Anchor 啤酒公司

弗里茨·梅塔格身为家电大厂第 4 代继承人，他非常钟爱小而美的事物，这项喜好也影响了他对事业的选择。1965 年，梅塔格从斯坦福大学毕业后，买下了 Anchor 啤酒公司，该公司是美国历史格外悠久的精酿啤酒厂之一。同时，梅塔格也当上了一家高级乳酪公司的合伙人。

到了 20 世纪 90 年代初期，Anchor 啤酒公司最知名的“Anchor 多泡沫啤酒”，销售量已经从 1965 年的 600 桶增长到 1.2 万桶。当时消费者开始饮用精酿啤酒，为啤酒业掀起了一场革命，而 Anchor 啤酒就站在这场革命的最前端。所谓精酿啤酒就是高品质的手工啤酒和麦酒，选用顶级原料，按照传统方法酿造。

20 世纪 70 年代初期，Anchor 啤酒在内华达州的经销商打电话告诉梅塔格，米高梅公司在里诺新开幕的“豪华赌城”跟他联系，希望能在赌城所有酒吧供应 Anchor 多泡沫啤酒。虽然这笔生意每年可以带来大笔收入，梅塔格还是以“不能胜任这笔巨大的订单”而拒绝了。Anchor 啤酒如果把豪华赌城需要的啤酒委托给其他精酿酒厂生产，还是有能力做成这笔生意的，但是梅塔格认为这么做有损他的诚信。梅塔格在 1977 年把 Anchor 啤酒迁往更大的厂房，让公司能够继续以渐近而谨慎的脚步成长。

到了 20 世纪 90 年代初期，Anchor 啤酒的产品种类增加了 Anchor 黑啤酒、自由麦酒以及圣诞麦酒等多种，市场的需求再度使 Anchor 啤酒产量达到满负荷。梅塔格曾考虑过通过股票首次公开发行来募资，再度扩大 Anchor 啤酒的产量。但是梅塔格对引进新股东代表的意义思考得越深入，就对股票上市这件事感到越不自在。

为了缓解市场对 Anchor 啤酒的需求，梅塔格想出了一个非常新奇的策略。他协助其他精酿啤酒厂商站稳脚跟，甚至协助竞争对手发展自己的酿酒技术。不久之后，全美各地纷纷出现了多家精酿啤酒厂，让梅塔格能够尽情地把 Anchor 啤酒打造成自己喜爱而且引以为傲的企业。这样的成就感，跟打造史上最大啤酒帝国比起来，带给了他更大的满足。

三　与公司所在地建立紧密而持续的关系

“小巨人”企业与其所在地之间，往往会产生极为密切的关系，你很难想象“小巨人”转战其他地区落脚的情况。这些企业通常是由所在地区塑造出来的，因为它们跟当地有深厚的渊源。

“小巨人”通常既古怪又拥有极强的个人主义色彩。这些企业常常会顺应所在地的社会环境，衍生出独特的个性。“小巨人”会执着地成为良好的企业公民，因此造就出有活力又充满个性的企业文化。然而有趣的是，这样的古怪特性通常是企业成功的重要因素。

以下举几个例子说明“小巨人”密切、有活力的社会参与方式：

◎创作歌手安妮·迪芙兰蔻是各大唱片公司极力拉拢的对象，但她放弃那些机会，决定与事业伙伴史考特·费雪合作，成立自己独立的唱片公司。两人把公司设在纽约州布法罗市，取名为“正直宝贝”。迪芙兰蔻和费雪接下来着手打造自己的企业，替这个失业率居高不下的城市，创造了约 125 个工作机会。两人买下一座荒废的教堂，把教堂改装成公司总部，里面有表演场地、爵士酒吧、艺廊，以及供当地艺术团使用的办公室。“正直宝贝”还坚持跟当地供应商合作，制造公司的周边商品、专辑、卡带和 CD。“正直宝贝”的种种作为，让这家公司成为当地的象征，他们的企业文化也与布法罗的文化交相呼应，即以小博大，赢得敬重。

◎档案管理公司“CitiStorage”开张的时候，刻意把地点选在纽约市布鲁克林区的威廉斯敦，这个地方是贫民窟。因为当地很少有待遇丰厚的工作，所以招募人才相当容易，也有许多当地人愿意进入这家企业工作。CitiStorage 的老板诺姆·布罗斯基夫妇，努力与社区建立密切关系：他们邀请附近居民参加公司举办的派对；提供空间给当地剧团使用；还让员工投票决定是要举行年会，还是把钱捐给当地的慈善机构。上述各项做法让 CitiStorage 建立了充满活力的企业文化，不仅在企业文化中融入了当地社区的需求，也让自己的企业文化符合当地的需要。

四　与供应商和顾客发展出坚如磐石的关系

“小巨人”会与供应商密切合作，因为他们若要建立起整个公司的基础，就必须根据每位顾客的个别需求，为其量身定做不同产品。而要实现“小巨人”追求的卓越目标，供应商就是一项关键资源。

所有“小巨人”几乎都是坚定的顾客导向型企业。这种结果可能来自两个原因：这些企业并不打算继续让企业扩大规模，自然会选择顾客导向；也可能是因为创办人的执着以及他们所打造的严谨企业文化。甚至有可能是综合因素，但是无论如何，这种企业创立的目的就是为了满足顾客。

为了让顾客满意，“小巨人”通常会与供应商建立起非比寻常的紧密关系，往往会争取供应商的认同，从而能够实现自己的理想。而“小巨人”最后也往往成为供应商展现自己实力的舞台。

那么，“小巨人”到底用什么方法，才能与顾客和供应商建立起如此紧密的关系？其实没有什么牢不可破的准则可以遵循，常见的做法包括下列几项：

◎许多“小巨人”会通过培训的方式建立顾客关系——他们会尽全力培训顾客，让顾客了解他们能够提供什么服务，然后做到向顾客允诺的优质服务，赢得顾客信赖。

◎“小巨人”会创造出休戚与共的感觉——他们会在公司、顾客以及供应商三者之间建立共鸣。这种休戚与共的感觉，通常是由真诚、专业和良好的人际关系这 3 根支柱支撑起来的。

◎“小巨人”非常忠诚——他们往往选择跟同一个供应商合作，就算出现更有吸引力的厂商也不为所动，因为这些供应商从一开始就跟他们一路并肩奋战。在许多情况下，这些供应商是通过与“小巨人”往来才奠定了事业基础，所以惺惺相惜，存在着互惠互利的感激之情。

◎“小巨人”拥有稳固的企业文化——经理人和员工平日与顾客或供应商的互动都能够反映组织的理念。也就是说，不论实际负责该项工作的人是谁，都能够让对方感受到同样的理念。

◎“小巨人”会把生意往来“个性化”——顾客绝对不会觉得自己只是众多顾客中的一员，反而会觉得自己享有特别的关注与服务。

◎一旦发生错误，“小巨人”会努力改过——他们能认识到，再完善的计划都有可能出错。因此，会把错误当作良机，用特殊的服务“补过”，让顾客感受到公司的确与众不同。组织如果能竭尽全力改正过错，就能创造惊人的口碑。

五　满足员工的真正需求

“小巨人”能够有所成就，是因为他们的员工热爱自己的工作。“小巨人”的员工会觉得自己受到重视，并且对未来满怀热忱。员工的热忱就是推动这些企业发展的动力，也是企业成功真正的秘诀。

归根结底，企业能够有非凡的表现，有各种原因，例如卓越的品牌、引人入胜的产品与服务、与供应商和顾客之间稳固的关系，以及在社区扮演重要角色等。上述各种原因，都与员工的工作表现相关，因为员工是执行公司业务的主角。“小巨人”会给员工提供必要的薪水、津贴和福利，尽管其他企业也会提供，但是“小巨人”还会让员工感受到人与人之间的亲密感，这种亲密感能够激励员工更加努力工作。简单来说，“小巨人”的员工会真心关注自己的工作，因为他们知道公司与他们祸福与共。

“小巨人”到底是怎么建立起这种强烈的归属感的？

◎“小巨人”往往会让团队维持在较小的规模——经理人与团队成员的沟通直接而有实质意义。从很多方面来看，成功的“小巨人”会营造像家人一样的氛围，彼此分享经验，了解彼此的生活状况。这听起来可能很老套，却是激发潜能最好的方法，能让所有员工持续发挥自己最大的能力，因为业绩表现跟个人利益密切相关。

◎“小巨人”会做好基本工作——他们会先招聘合适的人才，然后尽力让员工满意。“小巨人”会建立卓越的支援系统，为日后企业能长期拥有优越表现打好基础。

◎“小巨人”会不断构思出人意料的方法，让员工了解自己受重视的程度——尽全力满足员工需求。“小巨人”可能会给员工加薪，让员工有足够的钱去做重要的事，或是支付进修的学费。哪怕是零星小事，只要对员工有意义，“小巨人”就会尽力做好。

◎“小巨人”会努力在工作场合营造出校园般的气氛——他们会鼓励所有员工信任、尊敬自己的同事。这么做能够让员工以公司成就为荣誉。协助解决冲突，也是营造这种工作气氛的要务之一。必须让所有员工觉得公司是开诚布公的，所有团队成员都受到同等待遇。一旦出现冲突，就必须用严谨、透明以及充分沟通的方式解决，让所有人都能接受。

个案研究 2——美国犹他州盐湖城泰纳公司

1927 年，23 岁的学生欧伯特·泰纳正忙着筹集自己就读犹他大学的学费。泰纳当时在珠宝店打工，想出了一个点子——向高中毕业生销售戒指与胸针。这个点子获得广大回应，使他开始思考把这个点子变成真正可行的生意。由于供应商提供的戒指和胸针品质不佳，泰纳并不满意，于是决定自己生产。

20世纪40年代初，泰纳决定把触角扩及企业，吸引企业购买戒指与胸针，用来表彰资深员工。后来这些生意成了泰纳的主要业务，营业额也从1960年的270万美元，增长到1980年的8640万美元。同时，泰纳的员工人数也从几百人增长到一千人以上。泰纳甚至为了印制公司各种颁奖用品的说明资料，建立了编目业务。后来，光是编目业务每年营业额就超过2000万美元，该公司1993年的整体收入达到2.14亿美元。

到了1990年年初，泰纳公司员工已经有1700人，可泰纳还是会在走廊溜达，与员工聊聊他们的嗜好、抱负或其他个人话题。泰纳也不忘时时调整公司的管理方式，除了实施弹性工时与工作分担制度之外，公司也会定期进行员工意见调查，随时了解员工的想法。泰纳公司员工的薪水不仅高于市场行情，还能获得品质奖金、绩效奖金及工作完成奖金等。

关键思维

在感恩节时，泰纳会亲自给所有员工赠送百元钞票，员工在生日时也会拿到百元礼金，此外每年还可以领两次分红；圣诞节时，泰纳公司发出的红利超过 100 万美元。林林总总加起来，员工除了固定薪水以外，平均每月还可以领到 2000 美元的奖金。

——保·伯林罕

六　营造合适的企业文化

“小巨人”会营造出强有力的企业文化。对那些有共同想法和工作愿景的人来说，“小巨人”就等于停靠的港湾。组织的文化会对员工形成强烈而持久的影响。

“小巨人”的创办人大都是理想主义者，对发展的方式早有想法，而且会在企业实践中融入个人理念。这使得“小巨人”往往具有强而有力的企业文化，深深影响公司全体员工的行为模式。“小巨人”不必回应分析师与评论家，这些人只会密切追踪上市公司，所以“小巨人”可以尝试不同的管理哲学与运营模式。

虽然各家“小巨人”企业的文化大相径庭，但是在讨论时，还是可以发现一些共同特质。

◎虽然最终责任是由高层承担，但是这些企业几乎都会用各种不同的方式，尽可能让更多基层员工参与决策。“小巨人”会让更多员工参与决策，让最精彩的点子能够浮现，并且付诸实施。

◎“仆人领导”的概念往往成为企业基调。仆人领导的概念就是指，组织领导者的角色应该是协助所有成员，让成员发挥最大的效能，而不是一个口令、一个动作地发号施令。同样，要实行仆人领导有各种不同的方法，不过我们经常可以在“小巨人”身上发现这种领导观念。

◎大部分“小巨人”会在自己的最佳运营范例中，加进道德标准与坚定的信念系统。例如，公司会明确表示有基督教信仰，还会引用“黄金定律”等概念，黄金定律说的是：“你们想要别人怎样待你们，你们也要怎样待人。”“小巨人”往往会直截了当、毫不含糊地说明自己的原则，然后始终如一地贯彻到底。

◎多数“小巨人”的企业文化是追求个人理想，而不是不计代价地追求成长。我们常常可以见到“小巨人”积极地精简人员，同时留住每一位优秀的现有员工。这两股似乎冲突的力量同时存在，为“小巨人”服务的员工，只要能达到公司要求，往往会长期待在这家公司。

◎开诚布公、组织扁平化，也是“小巨人”企业文化中常见的特色。这些企业的领导者常常亲自到一线与员工一起打拼，只有在空闲时才执行管理工作，同时还继续维持合理的工作量。

◎“小巨人”企业文化的重心，不是为股东创造价值，甚至不是追求最高利润。“小巨人”反而会在企业文化中融入理想，以及支持理想的公司治理模式，因为他们明白，公司必须获利才能维持运营，也才会有资源成就自己的理想，但是追求最大获利并不是最主要的目标。对“小巨人”来说，还有其他事情比追求获利更重要。

关键思维

过去，我们对要雇用的人员以及评选的方法

都非常讲究，因为我们需要的员工不多。公司的核心成员会负责这些少数员工的培训工作。但是这一次由于时间原因，我们不得不雇用很多人员，聘用进来的人员并不熟悉我们的工作惯例，他们更习惯大公司的做法，希望你明确说明每个人的职责和做事方法。这是他们习惯的工作方式，而且并不喜欢我们喜爱的自由之风。这使得公司必须增加更多管理层，因为我们不想这么做，所以没有在适当的时机尽快增加管理层，因而影响了工作气势和员工士气。在这个过程中，我们丧失了原有的文化，使得公司没办法在开诚布公的情况下运作。

——丹·楚巴，Hammerhead 公司合伙人

七　让员工做自己热爱的事情

“小巨人”会在务实的运营措施中，加进某种形式的艺术。“小巨人”之所以能成功并且持续经营，是因为他们能够融合这两项重要因素，创造出有灵魂的企业。“小巨人”的运营目的不只是赚钱，他们真正的目的是要造福世界。

毋庸置疑，“小巨人”绝对是非凡的企业，努力用令人难忘的方式，融合艺术与商业。“小巨人”的亮眼表现，大致包括下列几项：

◎“小巨人”的领导者往往能够清楚掌握公司状况，知道公司能够提供什么样的服务，并且妥善管理公司，让公司发挥最大潜能。虽然每位领导者各有不同的方法，但通常会运用效果最佳的方法让员工接受富有挑战的工作、激发同事情谊，以及让员工享有强烈的成就感等。这些领导者对工作怀抱高度热忱，只要跟他们接触就会感染上那股子热情劲儿。

◎“小巨人”认为自己是在为这个世界贡献力量，这种观念正是“小巨人”前进的动力。

◎“小巨人”不会用传统的指标来衡量公司——不用企业规模，也不比对自己创造了多少利润。“小巨人”真正采用的指标是自己与顾客、供应商以及员工之间的关系稳不稳固。他们注重的是，在公司实现目标的过程中，能够让大家获得什么样的启发。

◎“小巨人”非常自律，不会唯利是图。热爱自己的工作，而且全心专注在自己的目标上。“小巨人”很清楚自己的角色，会尽力演好这个角色。

◎“小巨人”会努力挖掘其他人看不到的商机。这些企业能够发觉别人忽略的商机，并且把商机转化成顾客重视的产品与服务。

◎“小巨人”能够调和商业活动，兼顾运营需要与发挥创意，运用事业追求来满足自己的艺术热忱。正因为这样，“小巨人”所热爱的事物会成为企业成长的动力，而不是羁绊他们的阻力。

个案研究 3——纽约布鲁克林区 CitiStorage 档案管理公司

诺姆·布罗斯基是 CitiStorage 的创办人兼首席执行官。布罗斯基原先成立了一家快递公司，后来不幸破产。经过这些波折，布罗斯基决定，与其开设市值 1 亿美元但不赚钱的公司，倒不如开设市值 1000 万美元却能享有高利润的公司。他决定进入档案管理这个行业，即使这个行业竞争十分激烈，而且市场上早已有许多经营稳健的企业。

在 CitiStorage 开始运营的时候，布罗斯基发现开发客源非常困难，因为顾客都已经跟其他企业签下长期合约了。这些合约的内容通常包括，每移出一箱档案收费 5 元美金，而且顾客必须在档案箱移往另一个储存地点之前，先支付这笔费用。对许多企业来说，这表示企业如果要更换档案储存地点，就得预付数十万的费用。

布罗斯基的应对之道是，买下一座挑高特别高的仓库，在仓库里架设特别高度的架子，这些架子每 1 万平方米可以储存 15 万个档案箱，其他竞争对手在相同条件下只能存放 4～5 万个档案箱。然后布罗斯基提出比竞争对手优惠的收费标准，而且只要顾客愿意把档案箱移到 CitiStorage 的仓库存放，他就愿意替顾客支付移出费用。这让布罗斯基的竞争对手慌了手脚，等到竞争对手也跟进的时候，CitiStorage 的运营已经非常稳固，并且成为业界数一数二的企业。

为了保持领先地位，布罗斯基还做了另外一件不寻常的事。他为 CitiStorage 上下 400 多名员工，开办了为期 3 天的顾客服务培训课程，成效十分显著。因为每个员工经过培训之后，更了解了其他人扮演的角色，使得公司不同部门之间的关系获得了改善。更重要的是，当布罗斯基带着潜在顾客参观 CitiStorage 的仓库时，员工会微笑着向顾客打招呼，让顾客备感温暖。这么做往往能够获得顾客好评，新的合约也就随之而来。

关键思维

大部分人到我们公司参观的时候，环顾仓库眼里看到的都是一个个的纸箱。但是我在环顾仓库的时候，却看到了不一样的事物，我看到的是员工和我一起从无到有打造出来的优秀企业。一走进公司，闻到的都是硬纸板的味道，我爱死了这种味道，这味道让我精神百倍。我认为你必须打从心底觉得，自己所做的一切，都是目前最有趣、最令人兴奋、最有价值的事情，否则你怎么去说服其他人？如果我觉得把箱子存放到架子上是一件无聊的事，就绝对没办法吸引卓越人才来与我共事，也绝对无法达到目前的成就。我相信，我的热忱是极富感染力的。

——诺姆·布罗斯基

成功，保持住

Getting Your Organization on the Growth Track and Keeping It There

原著作者简介

莱斯利·麦基翁(Les McKeown),践诺咨询公司总裁兼首席执行官。这家公司主要负责企业培训与咨询。莱斯利本人是作家、企业培训师和高绩效组织的商业顾问。曾创立42家企业,拥有超过25年的商务经验。他为许多知名组织提供咨询和培训服务,哈佛大学、美国运通、T-Mobile、联合技术公司、美国陆军、微软和英国商贸投资部都是他的客户。著有《留住顶尖员工》《定位和重新定位指南大全》等书。

本文编译:乐为良

主要内容

主题看板

不断复制成功，企业活力保持住

企业成功的范例比比皆是，但是能保持稳定成长、经久不衰的却寥寥无几。在事业发展的各个阶段，都潜藏危机，倒闭与成功可能只是一步之差。唯有保持不断复制成功的能力，才能稳坐巅峰！

每家企业都会经历兴衰成败的7个阶段，一般称这种组织发展模式为“事业的生命周期”。如果你拥有或管理一家公司，你最重要的目标只有一个——成功。你所期待的成功，并不是机缘巧合或者昙花一现，而是可掌控的、可持续的，能不断成长和可经验传承的成功。

总而言之，你所需要的是“可预见的成功”。可预见的成功是任何团体——组织、企业、部门或小组的共同目标。而企业真正的挑战，在于如何持续稳坐生命周期的顶端。此外，当你的事业开始走下坡路时，又该如何作出最适当的应变。

一 如何迈向可预见的成功

组织刚成立时，必须不断前进与发展，直到进入最佳状态。要达到可预见的成功，企业必须经历3个阶段：

◎初期奋斗——试着赚取现金以求生存，并确认产品有市场。

◎乐在其中——销售开始有起色。

◎波涛汹涌——焦点从销售转到获利所带来的成长痛。

尽管每个人都想跳过这些初期阶段，直达可预见的成功，但这是不可能的。每个组织在把点子转化为可行的商业运作时，都要经历这些阶段。可以尽量缩短每个阶段的时间，但少一步都不行。

另外，成长周期可能有进有退。在最后突破

到可预见的成功前，你可能在“乐在其中”和“波涛汹涌”阶段来来回回。所有这一切都是值得的，如果你能学会做对事情，就能让公司长长久久地处在可预见的成功状态。

1. 初期奋斗

刚开始起步时，你会面临两个主要挑战：

◎你必须拿出足够的现金维持正常营业。

◎你必须替你的产品或服务打下一片可发展的市场。

现金是你发射升空的燃料，你要争取的，就是在现金用完前，打下一片可发展的市场。要想不永远停留在初期奋斗阶段，你必须证明有足够多的人会购买你的产品或服务并让你获利，而且你能以合乎成本效益的方式找到他们。你可以尝试 3 项策略：

◎尽量争取外部资金——保证你会有比预期更多的现金。

◎尽量缩短确认产品或服务可行的时间——把

实现销售额定为关键优先任务。

◎对于有资金和有市场要区分清楚——别在意华丽的办公室、顾问和品牌专家。要确保花掉的每一分钱都能帮助产品找到可行的市场。

2. 乐在其中

一旦度过生死存亡的初期奋斗阶段，销售开始有起色，每个人就会乐在其中，原因有下列3点：

◎你开始积累满意的顾客。

◎终于有盈余了。

◎你的核心团队仍然团结一心推动业务。

第2阶段感受很美妙，你只需要注意一下这个成长阶段会遭遇的几种危险：

◎资金过度充足的初创公司，会自以为处在“乐在其中”阶段，但实际上并不是——它只是持续在消耗资本，没有赚钱。

◎成本不断飙升——人在高兴时很容易得意忘形。要控制好成本，即使你大赚了一票。

◎提防“大头症”——创办人开始相信自己刀枪不入。实际上只要做错一个决定，财务就毁了。

乐在其中毫无疑问是很棒的事，如果可以选择，初创公司会想永远留在乐在其中的阶段，但现实总是有办法让你知道何时应该前进。特别是，业务成长后复杂性也随之而来。原本紧密团结的10人团队非常容易管理，在公司聘用上百人之后，管理突然变成重大的课题。

管理层级开始产生。处理客户事宜的沟通渐渐趋缓或停顿。不精确和错误开始入侵，而且情况不再是老板可以掌控的。不论喜欢与否，在你做好准备前，公司已从乐在其中进入波涛汹涌的阶段。

关键思维

我要经营一家公司，跑快一些且做多一点。如果我们不犯任何错误，就是没有冒足够的风险。

——拉里·佩奇，谷歌共同创办人

企业主不必（多数也不会）试图脱离乐在其中的阶段——反之，伴随成长，他们会被自动“踢出”乐在其中阶段。刚开始情况缓和但清晰可见，之后开始频繁出状况。在你明白之前，甚至试都没试，你就已经不再乐在其中阶段了。

——莱斯利·麦基翁

3. 波涛汹涌

在波涛汹涌阶段里，公司的关注点已从销售转为获利。完成当天销售额的喜悦会被实现更高利润额的压力取代。这是个艰难的过渡期，难免为参与其中的人带来巨大的压力。

向前迈进的方法是建立完善的制度和流程，以便作出理想的决策并加以执行。具体而言，会有 6 个领域需要建立制度：

◎你要建立组织结构图，处理所有实际运作。关键职务必须详细说明并有专人负责。

◎各个业务部门的主管必须学习如何相互沟通，以便作出对整个组织有利的决定。

◎所有业务单元必须重新调整，服务客户，而不是互相内斗或闭门造车。

◎每个人都必须习惯与他人合作并参与跨部门工作——公司才能统筹运用所有资源。

◎正在工作的跨部门团队要获得必要授权去做更多的事。有成功的记录，就能持续建立长期合作的动力。

◎当每个人适应新的管理模式后，全权负责以及自我问责的意识将更强。

二　如何保持住成功

“可预见的成功”就是靠长期努力形成可重复的结果，以实现目标。当你处在这个阶段时，你知道自己为什么成功，并由此保持长期稳定成长。要让你的组织长期处在可预见的成功这个阶段，必须具备3项要素。

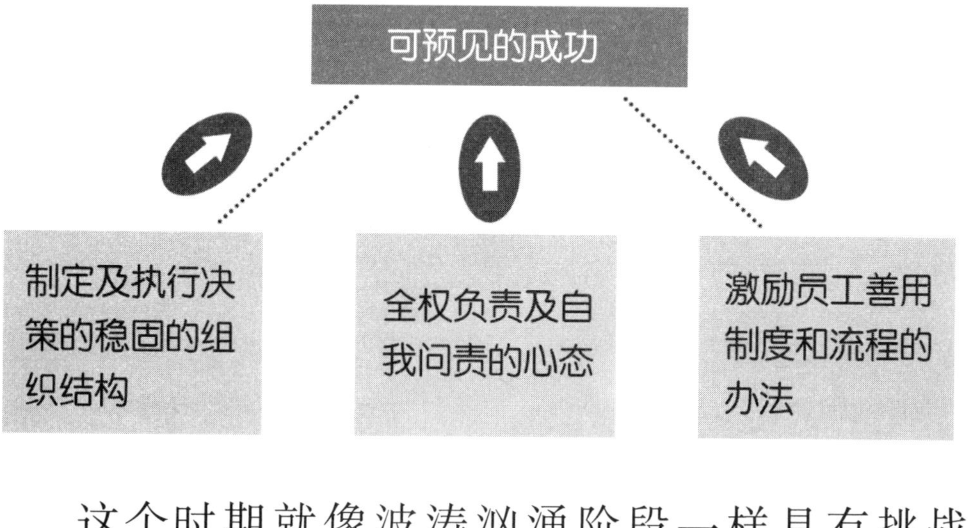

这个时期就像波涛汹涌阶段一样具有挑战性。当你在波涛汹涌阶段时，你与可预见的成功只有一步之遥。如果你能学会适当处理波涛

汹涌阶段，你的事业便能转向可预见的成功。当然，处于可预见成功的发展阶段，并不意味着公司不会再碰上问题。那是不切实际的想法。公司仍然会犯错、遇到阻碍，和其他企业一样受外在条件影响。然而，差别在于处于可预见的成功时，你的企业会有制度和流程，让你妥善地处理这些问题。能评估问题的影响，找出最佳的回应方式，并以最平实的方式执行这些应对措施。

当你的组织处于可预见的成功时，有 5 个关键优势会发挥作用：

◎理想决策。可以持续制定并加以执行，因为你已经建立制度并突破波涛汹涌阶段。每个人将会知道自己的职责，并且会有一批经验丰富并擅长跨部门合作的主管。

◎协调一致。在决策和执行之间保持一致。你能成功执行决策，事业便能向前迈进。建立好反馈制度，能让你修正错误。

◎互动机制。促成高效能的跨部门合作，想法才不会瓦解或告吹。组织内的人员习惯彼此合作。公司内的所有部门将更密切合作，共同吸引满意的客户，进而推动新一波的成长。

◎给成长和利润同等的关注。兼顾成长和利润。在乐在其中阶段，每个人都为利润欢喜；在波涛汹涌阶段，获利能力成为主要的关注焦点；到了可预见的成功阶段，组织既能成长，利润也很可观，两者都受到高度重视。

◎成功的关键。每个人都明白公司成功的原因，也知道未来要靠什么才能继续蓬勃发展。这是件好事，因为它意味着你可以把那些成功的关键因素融入组织中。

实现可预见的成功本来就是不容易的事，保持下去尤其需要更多努力。还有许多表面看不到的事情在运作，因为可预见的成功得兼顾两股相互竞争的力量。

一方面，你需要新思维和新点子才能继续前进，避免退回到波涛汹涌阶段。另一方面，如果你让固步自封的人主导一切，公司就会进入原地踏步的阶段并且衰退。这两股力量会形成动态平衡，使得可预见的成功难以维持。你必须设法处理好这种平衡。

公司里的员工可能大多是在初期奋斗、乐在其中或波涛汹涌的阶段加入。他们可能会不了解为什么你必须设置现阶段需要的制度与流程。

要争取并保有他们的支持，你应该做到以下5点：

◎向他们解释，可预见的成功是公司长期的最佳状态——尽管每个人都渴望过去的好日子。但其他发展阶段都不是你真正想久留之地。

◎清楚表明，绝对不可能走回头路——即使非常怀念过去。

◎公开表明你支持新流程——说明这是公司向上提升的靠谱做法，因此必须执行。对于他们的合作，给予奖赏以及执行的后果。

◎接受有些人想离开的事实——因为他们怀念只有在创业压力下才有的生机和活力。要把这种人员流动视为正常现象，也看成是一种健康的方式，因为这样同时能够带来一些用全新观点看事情的人。

◎务必让你的雇用流程反映正在进行的文化转变——招募一些新人，他们会乐于使用你努力建置的流程。

如前所述，维持可预见的成功要靠维持平衡。要做到这点，首先你要建置稳固的制度和流程，但如果你太依赖制度和流程，就会进入原地踏步的衰败期。当员工开始变得过于依赖流程，他们就会失去一开始的创造力和创新思维。

你必须不断提醒员工，要使用制度做对的事，而不是倒过来——让制度和流程主导他们的思维方式。要维持可预见的成功这一阶段，你需要一些动态的制度，鼓励员工正确地使用现有的制度和流程。简单来说，你还是要不断鼓舞和激励员工持续把事情做得更好。

防止过度依赖刻板流程的新制度涵盖 6 方面内容：

1. 招聘
2. 部署
3. 培训
4. 绩效考核
5. 指导
6. 自我问责

◎招聘——你必须确保公司一开始就招聘到合适的新人。招聘时公平竞争，让内部员工申请职位空缺，同时让他们与外面优秀的应聘者公开竞争。雇用积极进取并且态度明显配合的人。

◎部署——当你通过稳固、充满竞争性的雇用流程引进新鲜血液后，不要随便配置“新鲜血液”的职位。指导他们认识“为什么”这个工作很重要，而不是生硬地安排工作要“怎么做”。让新员工与资深管理团队沟通，看看他们对现有工作有什么改进的建议。

每2～3年让新人轮换其他职位，让他们能把握全局。新人自然能以新的角度看事情，对于一些曾经有效、但时间一久变得过度僵化的制度，新人往往有更好的方法。

◎培训——训练大家要把重点放在实现公司的目标上，而不仅仅是遵守制度和流程。要做到这件事，你要让资深管理人员亲自参与培训，培训目的着重在个人成长上，而不只是盲目复制。告诉员工，你希望他们提升个人能力。让员工提问、辩论和大胆思考。

◎绩效考核——利用绩效考核提升员工，而不是压榨他们。让大家畅所欲言，展开真诚的对话，并让每位员工拿出具体可行的办法。考核绩效要针对个人成长，而且理当如此。

◎指导——如果你同时采取一对一的个别辅

导和指导，效果会更好。如果你能找到真正有兴趣帮助员工的导师，并鼓励他们进行实验，会有意想不到的效果。

◎自我问责——最后，你要做的是引导每个人树立全权负责及自我问责的观念，而不只是交差了事。你要试着让每个人想办法做出真实的、可评估的运营业绩。你试着让每个人为成果负责，而不只是针对活动。最终是希望每个人对最后的结果负责。

如何让你的组织长期保持在可预见的成功状态？有 4 个步骤：

◎设置必要的决策制度和流程——帮助你的公司突破波涛汹涌阶段进入可预见的成功阶段。

◎设置必要的员工制度和流程——让你不至于脱离可预见的成功阶段，移往其他方向。

◎重视全权负责和自我问责——全权负责和自我问责是成功的关键。除非你能让每位员工和每个团队对结果负起责任，否则你的企业不可能长期维持在可预见的成功这个阶段。你要让员工准备好做创意练习，他们能创新，而且可以承担实现目标的合理风险。

◎制度化的创新和冒险——这点至关重要。要保持在可预见的成功这个阶段，组织必须不断创新和冒险。它必须集合所有人的智慧而不只是靠创办人、老板或高层主管去做。创新和冒险必须深入组织根基，组织想留在可预见的成功这一阶段，每个人都要把创新和冒险视为组织正常的商业活动，而不是“特定几个人”的事。

初创公司完全依赖创办人的活力、愿景和推动力，这一点也不奇怪。但随着公司成长，经历过乐在其中和波涛汹涌等阶段后，也可能会有绩效卓越的销售达人加入。

然而，只有等到公司能够脱离创办人或其他销售达人，培养出创新和承担合理风险的能力，才可能稳坐可预见的成功阶段。

三　如何避免走向衰败

如果稍不留神，你的组织就可能脱离可预见的成功阶段，开始走向衰败。遇此情况，你必须重回最佳状态。要极力避免3个衰败阶段：

◎原地踏步——你变得规避风险并过于依赖流程和制度。

◎墨守成规——这个阶段流程和行政工作反而凌驾在行动和结果之上。

◎最后哀鸣——公司破产或被收购。

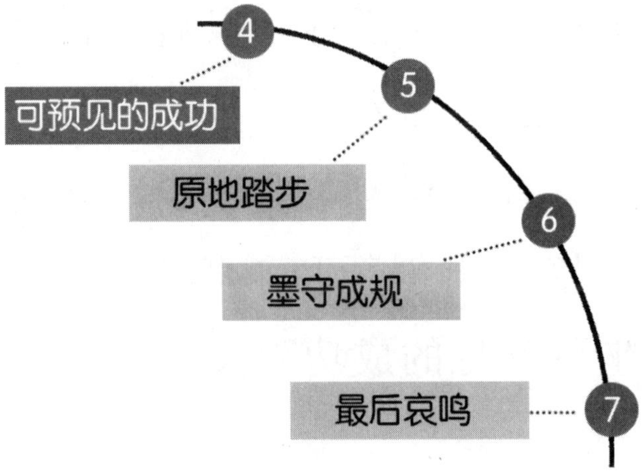

每个人都希望公司永远处在可预见的成功这个阶段。然而，现实却总是有办法以各种不同方式破坏这些计划：

◎创办人觉得无聊并开始关注其他项目，接手的新人未必拥有相同的热情。

◎员工怀念过去创业时充满自发性、活力和愉快的状态，不但产能上升，而且可以继续做下一件大事，而不是困在大众市场。

◎每个人开始关注公司的内部问题，而不是专注客户的需求。他们不再梦想做出让人惊艳的新产品，却只在乎晋升、职衔、津贴等办公室政治之类的事。客户需求不再像过去一样受到重视。

1. 原地踏步

当用来脱离波涛汹涌阶段的制度和流程开始扼杀冒险和创新时，组织便进入原地踏步的衰败阶段，所有一切开始变得非常依赖一组公式，大家都觉得花了很多力气但看不到实质的前进。

过分强调表格填写、制度和资料收集等流程，而不是行动，组织便进入原地踏步阶段。流程往内转，每个人都开始变得厌恶风险和推卸责任。而你原本是想给顾客带来惊喜，可实际上却只生产“跟屁虫”产品。

组织进入原地踏步阶段时，会产生3个主要影响：

◎明显丧失创造力——组织变得比较容易去模仿别人而不是创新。关注的重点从创意转到设定标杆与最佳做法。

◎不再有大举动——每个人都致力于持续稳定成长，不敢在市场上有大胆创举。

◎习惯压制坏消息——没有人愿意面对真相并承认问题有多严重。大家会形成一种共识：主管会告诉员工“别拿任何事情来吓我”。

在原地踏步的公司工作也是一项挑战：

◎老员工看着公司走下坡路，到处充斥着僵化的管理制度，会深感挫折。

◎创办人或企业主发现原地踏步阶段不仅损耗资源而且打击士气。他们觉得一切努力成空，往往也因此让他们断绝所有关系，去做别的事。

◎新员工一开始兴致勃勃，因为所有他们需要使用的制度都已界定清楚且建置完成。但一段时间后，他们开始对没有任何辩论和新想法的工作氛围感到困惑。他们以为只要照着吩咐去做，一切都将好转。

总体而言，原地踏步阶段是公司的危险时期。如果置之不理，自然会进入下一个叫作墨守成规的衰败阶段。当务之急是管理层必须认清公司的处境，并采取行动回到最佳状态。具体做法是：

◎对进入原地踏步的征兆要有所警觉，即使一切看似顺利。及早修正总比事情陷入严重困境再处理来得容易。

◎养成习惯让真正知情者在事情恶化时告诉你实情。尤其要鼓励大家公开且迅速地分享坏消息。

◎至少委任一个人，最好不是董事会的成员，鼓励他们直言不讳。让他们在状况下滑时提醒你。

◎替你的资深管理团队从外部聘请一名教练。让这名教练教导大家如何随时向外看并培养创造力，而不是向内看且因循保守。

◎每年举行两次主管度假聚会，利用这段时间客观地了解情况。趁着度假分析你的行业、供应链和市场变化。

◎让每个主管前往现场亲眼目睹实际发生的情况。少用电子邮件、语音邮件或社交媒体，多多进行面对面讨论。

◎启动内部指导方案，让员工畅所欲言，不必向平时的业务主管报告。打造无风险的环境，进行真诚的沟通。

◎鼓励大家休假、把工作让别人分担，或到不同业务部门工作一段时间。就是这么简单的工作轮调，会让你听到许多其他声音，并用全新的角度去感受。

2. 墨守成规

对任何组织的发展而言，原地踏步是很危险的阶段。如果可以重新找回创造和创新的氛围，并注入冒险精神，组织就能重返可预见的成功这一阶段。然而，如果任由事情发展，原地踏步的状况就会演变成墨守成规。

当组织变得墨守成规时，流程和行政工作就会凌驾在行动和结果之上。客户变成麻烦，管理层只相信试过且被证实可行的方法，因为“我们一向这么做”。墨守成规的危险在于长此以往公司将不断衰退，但组织对于目前情况已失去判断的能力。

当组织陷入墨守成规时，会出现5种状况：

◎关键人物离职——尤其是那些胸怀壮志、一心想做出好东西的“狂热分子”。

◎一提到创意和愿景就被排斥，公司几乎完全不再提到这些。

◎公司拒绝采用已经在市场上获得肯定的新技术。

◎不再把心思放在客户身上，每个人只想保住饭碗。客户几乎无人理会或被视为理所当然无需照料。

◎每个人都志在必得，拒绝接受未来持续衰败的命运。

有趣的是，现金充裕、市场占有率大的公司，最可能陷入墨守成规的危险。经理人只要维持现状就可以有丰厚的待遇，而他们也确实这么做。如果企业主犹豫不决且毫无对策，公司也可能陷入墨守成规的阶段。如果是家族企业，或许会以维持现状为目标，直到下一代做好接任的准备。因此，员工持续巩固现有的制度，无意搅乱这一切。

要摆脱墨守成规的阶段，就得有大动作。一定要有人清楚知道发生了什么事，并准备好严加管理，组织才可能前进。常见的介入行动有4种：

◎有人可能买下公司的多数股份，他们一来就大刀阔斧，迫使公司再次成长。他们开除旧有管理层，引进新鲜血液，从上到下焕然一新。

◎可能发生灾难性的崩盘，公司破产迫在眉睫，或是一项新的技术或法律改革严重冲击你的行业。遇此情况，每个人都意识到老办法行不通了，必须立即革新。

◎一些突破可能从底层冒出。有些员工独自进行的项目，可能变成受人关注的产品或服务，大家都爱上这个点子。

◎现有的企业主可能有了觉悟，决定带领公司做些有实际效果的事情。他们也会带进企业发展所需的资源和能量。

3. 最后哀鸣

最后哀鸣是组织生命周期的最后阶段。所有抢救组织的努力都失败了，公司破产或资产被切割抛售是迟早的事。

发生最后哀鸣时组织会有下述情况：

◎耗尽资源被迫关门。

◎技术落伍且无足轻重。

◎流失大量客户。

当事情糟糕到这个程度，可以做的努力真的不多。公司可以贱卖或清算。落入最后哀鸣或迈向可预见的成功，其实是同样的距离。

关键思维

组织处于可预见的成功阶段时，经营起来较容易，但是为什么只有少数企业、部门、项目、团队或小组能做到？我们多半没听过成功可以被学习和复制、理解和评估、培养和维持。你不需要天天去实验才知道如何让你的组织处于可预见的成功阶段。组织存在久了，员工够多了，组织成功和失败的模式清晰可见，只要你知道往哪儿看就行了。

——莱斯·麦奇欧恩

快乐领导学

Full Engagement

原著作者简介

博恩·崔西(Brian Tracy)，博恩崔西国际公司创办人，这是一家培训和潜能开发机构，帮助全球各地的人实现目标。CBS、《创业家》杂志、福布斯、ABC及美国《商业周刊》等知名媒体都曾制作过崔西的专题报道或节目。崔西有45本畅销著作和300套影音学习教材。

本文编译：郭政皓

主要内容

主题看板

让每位员工都快乐工作

谈到经营管理之道，总有许多成功的企业家通过著作、演讲、访谈等形式，分享其个人独到的领导哲学。然而，博恩·崔西一再提醒，身为老板或主管，即使读遍了所有的经管丛书与杂志，也常常忽略自己的一言一行、待人处事方式往往能牵动下属的工作情绪这个事实。你与员工的每一次互动，都会造成正面或负面的情绪影响，有可能提升员工的自信与自我形象，也有可能伤害他们的自尊。一个对工作不满意、不快乐的员工，当然不可能全身心投入工作，创造出高生产效能。而这对支出巨额人工成本的公司而言，可谓莫大的损失。

由此可见，所谓“成功的领导”并不是什么高深的大学问，其实都是朴素的道理：唯有创造让员工快乐工作的环境，将合适的人放在合适的位置，并深入了解员工的想法和感受，才能有效提高员工效率，带来最高的工作成效！想激发出员工最大的潜能，就要从感情层面着手，让每个人都觉得自己很重要，让大家都有赢家的感觉。这么一来，你努力追求的绩效与竞争力，自然水到渠成。

5分钟摘要

建立绩优团队的领导术

领导者的职责，莫过于确保员工发挥最高生产效能，为公司奉献心力、创造高绩效。然而，许多老板和主管却经常忽略，自己的一言一行、待人处事方式能影响下属的工作情绪。唯有创造让大家快乐工作的环境，将对的人放在对的位置上，并深入了解员工的想法和感受，才能有效提高员工效率，带来最高的工作成效！

过去经营事业，最主要的挑战就是要创造最大的股东权益——让投资的股东能够获得最高的报酬。现在，领导者的职责不再只是创造股东权益报酬，更要让下属的工作爆发出高度的“能量回报”。你要让投资于公司事业的人力资本，带来更高的人力资本报酬。

研究显示，上班族超过50％的上班时间都浪费在做一些与工作无关的事务上。这其实是个好消息，因为这表示只要你能设法让下属全心投入，就能不多花一分钱，而让生产力加倍。

那么，怎样才能激发出下属的最大潜能？这绝不是什么高深的大学问，其实都是简单朴素的道理：你待人和做事的方法能影响下属的工作情绪，这比给他们各种教育培训、经验甚至是智慧，都要重要得多。想激发出员工最高的潜能，就要从心理层面去激励和影响他们。能够持续把这件事做好，你就能释放并好好利用身边所有人的潜能，建立起无人能及的顶尖绩优团队。你们的思考、能力和表现，都将远超过竞争对手。

要建立全心全意投入的工作团队，就要更懂得管理，其他的一切自然水到渠成。重点在你的言行还有待人处事的方式，要从感情上影响他们。

关键思维

彼得·德鲁克说过，在商业用语上所能做的最重要转变，就是不再讲“成功”，而改说“贡献”。当你开始从贡献的角度去思考，你在面对自己的管理职责与对待他人时，态度都会产生积极的转变。

——博恩·崔西

一　让大家可以快乐工作

人类大部分时候都是靠感性作决定，然后再寻找充分的理由来印证自己的决定。只要让你的同事与下属拥有快乐的工作情绪，他们的表现绝对会让你惊喜。

顾客购买产品或服务，是因为相信买了这些产品或服务会让他们更快乐。同样，如果员工相信自己在尽了全力之后会更快乐，自然就会全力以赴。如果要将管理上最大的挑战归结成一句话，那就是：让员工快乐工作。

那么有哪些方法可以激励员工，让他们快乐工作？

◎亲切微笑——眼睛要看着对方，让他们明确感受到你很高兴看到他们，并乐意和他们一起工作。这个道理很简单，但十分有效。

◎多问看法——鼓励员工说出自己的想法，这会让他们觉得自己很受重视。

◎多听意见——要真正用心倾听，不要随便打断，以展现出你对他们的尊重。

◎记得礼貌——面对自己下属的时候，要保持礼貌。

◎充分告知——让大家都可以充分了解工作进展。

◎欢迎改进构想——尽量鼓励员工畅所欲言。

◎用对大客户的态度对待员工——因为很可能有一天他们有权决定，是否要花百万预算采购你的产品。

◎给员工丰厚的薪资——这会让员工感觉自己是受到重视的。

◎给予肯定——观察员工的表现，让他们因为你的关注而感到开心。

◎营造和谐的工作环境——对会造成负面影响的员工，尽量请他们另谋高就。

◎积极称赞——关注员工的工作成果，让他们享有应得的功劳。

◎不随便批评——工作一定会遇到挑战，重点是怎么应对。

◎开心庆祝成果——当大家一起完成了重要的任务，就好好庆祝一番。

◎表达对员工的关心——了解他们家人的状况、他们的爱好和兴趣，还有他们最近的生活境况。

◎扮演好导师的角色——设法帮助员工学习、成长和进步，为他们职业生涯发展提供引导，帮助他们有所成就。

◎让员工有空间作出最好的判断——不要事必躬亲，要学会放权。必要时可以给定范围，在适当范围之内，只管放手让他们去做。

◎保护自己的员工——出现突发状况时要保护员工，不让他们受到负面的影响。

◎把员工当作家人——在他们学习的过程中要耐心等待，并营造出可以让人放心成长的环境。

◎让他人可以跟你开心共事——与员工说话时，一定要让他们觉得心情舒畅、感到乐观。

◎帮助员工建立信心——给予员工肯定，不要只看到他们的缺点。

◎清楚说明你对员工的要求——让所有人都真正了解你希望他们做到什么、会如何评价绩效，以及在什么期限内要完成。

◎时时反馈意见——要经常让员工了解自己的表现如何。

◎你希望老板怎么待你，就该怎么对待下属。

每天或每周选定其中一项努力去做，直到每一项都做到为止。在你觉得自己每一种方法都能熟练运用之前，要持续不断去做。这可能要花上好几个月、甚至好几年的时间，不过坚持下来绝对会带给你意想不到的收获。

二　学会用不同方法激励不同员工

要激发出员工最大的潜能，就必须营造出良好的工作环境，让大家可以全心投入。这没有统一的办法，必须用不同的方法去打动不同的员工，让大家可以顺利而且有效地合作。

管理思想的演进，让人大开眼界：

科学管理：菲德列克·泰勒在20世纪初期提出，一项工作可以拆解成好几个环节，由不同工人轮流进行。

行为主义：接着是史金纳提出的行为主义的观点，“奖励”和“惩罚”都可以激励员工。史金纳认为，激励可以标准化，效果也是可以预估的。

马斯洛需求层次	亚伯拉罕·马斯洛在1947年发表了动机论，认为必须先满足员工的生理、安全、社交和尊重等需求，员工才会迈向自我实现。管理者必须由下而上实现各个层次的需求，才能够有效激励员工。
X理论、Y理论	道格拉斯·麦格雷戈在20世纪60年代提出，人的本性不是属于X理论（需要有人监督），就是属于Y理论（独立而有效率），必须依照不同本性，采用不同的激励方式。
环 境	20世纪30年代的许多研究，都致力于找出工作环境中有哪些方面可以调整，以提升员工的效率。这种种构想，统称为高生产力的神秘“X因子”。

从以上对管理思想演进的简单回顾中，我们可以看出，设法激励出员工的最大潜能，一向是管理的重心。今天的管理者普遍认识到，最有效的激励因子，是内在且因人而异的，并不是外在而普遍一致的。

也就是说，管理者最主要的挑战，就是能否营造良好的工作环境，把会减损绩效的负面因素降到最低，而把正面的激励因子增加到最高。在这样的环境中，员工会从心底产生工作欲望，作出最有价值的贡献。

关键思维

在如今的职场环境中，你身边的员工会从事现在这份工作，是因为他们想要做这件事，而不是因为他们必须做这份差事。他们会做这份工作，是因为该工作能够满足他们追求挑战的心，他们也能够因此受到外界的赏识。你能尊重员工、善待员工，员工就会尊重自己的工作、善待公司。

——博恩·崔西

三　去了解员工的想法、行为和感受

你高达80%的运营成本是用在给员工发工资上面，因此你越了解如何点燃员工的工作激情，未来就越懂得如何提高他们的生产力。

小幅度、渐进式地增进员工的个人生产力以及表现，能够大幅提高你的公司盈余。能够更透彻地认识你的员工，你就会知道该怎么带给他们正面的影响。

人到了十六七岁之后就不容易改变了，从那个年纪之后，性情和人格特质几乎就定型。明智的领导者，宁可设法教会老鹰如何按照队形飞翔，也不会试图把鸭子变成老鹰。

让员工工作更具效率的关键就在于，要去了解和释放他们的“自我概念”。每个人的自我概念，都是由3个要素结合起来的：

自我概念

- 理想自我——你理想中自己最好的样子
- 自我形象——你怎么看自己
- 自尊——你的各种情绪

◎“理想自我”也就是“你希望成为的那个人”的样子。这当然是个人想象出来的目标，但研究显示，成功、快乐的人对于自己想成为什么样的人，通常有非常清楚透彻的了解。

◎“自我形象”会决定表现水平的好坏，也就是“你怎么看你自己”，或是你在内心里怎么审视你自己。高成就的人拥有正面的自我形象，也相信自己在所参与的各种事务中，都能作出有价值的贡献。如果“自我形象”和“理想自我”是协调一致的，就能创造出极高的正能量。

◎“自尊”是说“你有多喜欢自己”。有高度自尊的人，会比较积极正面、充满活力、创意十足，也因此有较高的效率。自尊较低的人觉得自己不如别人、能力不足、没把握，也缺乏安全感。你越喜欢自己，通常也会越容易喜欢他人。

想营造出高绩效的工作环境，管理者要做到3件事：

◎让每个人都清楚了解公司的价值观、宗旨、使命和目标，并且投入其中。

◎持续强化员工的自我形象，让每个人都觉得自己有价值、值得他人尊重、有较强的工作能力，而且一天比一天进步。

◎在每一次的互动当中，有意识地强化每位团队成员的自尊。

不论你是否意识到，一旦扮演起经理人的角色，你所做的每件事都很重要。你的一言一行有可能强化员工的自尊，也可能让他们的自尊降低。你跟员工的每一次互动，都会造成正面或负面的情绪影响。要成为杰出的管理者，你必须要能审慎判断，自己对团队成员的“自我概念”会造成什么影响。

关键思维

设想你遇到的每一个人，脖子上都挂了一个牌子，写着："让我觉得自己很重要。"这不仅可以让你销售成功，也能让你享有成功的人生。

——玫琳凯·艾施，玫琳凯公司创办人

管理者的职责是要认识到，"自我概念"是人类潜意识的主程序。你的一言一行，都会促进或影响他人的"自我概念"。你的言行可能提高绩效，也可能减少绩效。

——博恩·崔西

四 让每个人都觉得自己很重要

激励员工的关键，就是要加强他们的自尊。人拥有丰富的创意潜力，如果能发掘出来，就有助于完成工作目标。最有效的激励方式，一定是出自内心而不是源于外在。

领导者最不应该做的，就是批评和抱怨。这样会让你看起来像一名无力的受害者，而不是能掌握大局的人物。千万不要抱怨，除非你能够提出稳步向前推进的计划。这时候提出你的计划，然后请大家提出可行的建议。

要成为杰出的领导者，只要让每个人都觉得自己很重要就可以了。要做到这一点需要相当高的技巧，因为每个人在潜意识中都有不同且深刻的需求，而且有时候这些需求又是相互冲突的，你必须得找出可行的办法。

自尊包含了6个方面：

◎展现完全开放的胸襟——养成对与你共事的人微笑的习惯。让他们感受到，你很重视他们对工作的贡献，也承认他们在工作中有重要作用。这会让他们富有动力，并在未来作出更多贡献。

◎感谢员工所作的努力——每个人都希望自己所作的贡献，能够得到注意和肯定。要常说“谢谢”，而且要真心感谢。看到员工带来的帮助，明确地给予肯定。如果到了其他国家，不妨学会用当地的语言说“谢谢”，而且要不断地说，说的时候还要面带微笑，员工一定会很开心。

◎让自己成为好相处的人——每个人都喜欢和积极乐观、亲切的人相处，因为这样的人会让他人感到轻松和愉快。要成为令人愉快的合作对象，并且学会如何不讨人厌地提出反对意见。做每件事都要得体和亲切，下定决心要让自己成为受欢迎的人。

◎经常表示赞许——要让人觉得自己很重要，最好的方法就是公开给予赞许。美国前总统林肯有句名言："每个人都喜欢听到赞美。"主动花时间找出各种方法，去赞美身边的人。找出员工所做的特定事情，然后加以赞许，这不仅可以提高他们的自信，还能立即让他们敞开心扉，日后与你更充分合作。

◎有机会就要给予肯定——表达肯定可以让与你互动的人自信心大大提升。越常肯定他人，对方就会越有自信，也越可能再次展现当初他们赢得嘉许的表现。能够立即且公开给予嘉许，效果和影响力会更强。如果是期待员工将来拥有出色表现，运用肯定和称赞也很有效。正如英国前首相丘吉尔所言："如果你希望一个人展现某种美德，就要先称赞他具备了这项美德。"

◎要学会倾听——要让员工感觉自己很重要，最有效的方式之一，就是在他们跟你说话的时候聚精会神地倾听。倾听是至关重要的管理技能。对于自己重视和尊重的人，你一向会认真倾听；所以如果你这么对待员工，也就等于对他们同样地重视。鼓励员工多发表看法，认真听他们说什么，并用点头和微笑鼓励他们继续说下去。如果你这么做，员工不仅会觉得自己重要，还会迫不及待想要有所贡献。

经理人和领导者想要做到最后一点并养成习惯，有时并不容易。当你当上了老板，往往会很习惯什么事情都用命令指挥的口气。然而只要你善于倾听，就能取得更多成就。有效倾听有 4 项关键：

◎专心倾听——不但不打断对方，还要点头和微笑，这样他们才会多说一些。

◎停顿一下再回复——让人知道你在思考他们的话，而不是马上就下判断。

◎提出问题——厘清对方的意思，把对话导向有建设性的方向。

◎把你听到的复述一遍——用你自己的话。

如果你能简单总结对方刚才所说的内容，然后再反馈给对方，对方就能确定你真的在听。

关键思维

在对话中，重要的不是说了什么，而是没说什么。

——彼得·德鲁克

五　赶走害怕，让员工勇于尝试

害怕是成功最大的阻碍，也是人类长期以来最大的敌人。如果能让员工不那么害怕并作出新的尝试，甚至能将害怕完全排除，就可以营造出不断进步的工作环境。

所谓“优良的工作环境”，最重要的要素就是信任。要让信任真正存在，就要让每个人都知道：工作容许犯错，不会因错误遭受批评，更不会丢饭碗。这样的信任可以激发出员工的最大潜力，还能帮他们释放出未开发的潜能。

现在的市场竞争非常激烈，明智的营销人员不会试图为顾客创造新的需求，而是会引领企业努力找出还未被满足的顾客需求，然后证明他们的产品或服务能满足这项需求，或者可以减少不满。你还必须让顾客相信，你可以比市场上其他企业表现得更好。

同样，现在的经理人必须了解有哪些害怕会让员工停滞不前，然后逐步加以排除。小孩子一开始都相信“不论我想做什么，都可以做到。”年纪小的孩子不会害怕，而且天性就是如此。但在他们成长过程中，父母往往会跟他们说：“不要这么做!”以让孩子避免危险或不好的事情，结果很多孩子都是带着“我做不到”的想法长大。到成年之后，这个想法就变成了害怕，让人不敢尝试新鲜事物。

想营造高生产力的工作环境，就必须解开束缚，大胆做事。你要营造出良好的工作环境，让你的下属不害怕失败，勇于追求挑战，勇于尝试。有各种各样的方式可以做到这点：

◎说话要谨慎。绝对不用“失败”这个词，而改用“学习经验”，即使特别严重也只说是“不理想的结果”。

◎要开诚布公说明，大多数事情都不会一次

就成功，需要多试几次。教导大家，初期的挫折是工作上不可避免的一部分。

◎如果结果不好，绝对不要问："谁应该负责?"而是要问："我们从中学到了什么?"

◎在分析初期的挫折时，要常说"将来"或是"从现在起"。

◎为犯错而庆祝。开会的时候分析错误原因，并带领大家为不怕犯错的人喝彩。表扬大家愿意作出新的尝试，这样就能建立起一个由高绩效成员组成的无畏团队。

◎让所有人都敢于表示不同意、不认同，或是尽量表达意见，不用怕会丢了饭碗。这会营造出开放的工作环境，释放出无尽的能量。每个人都会充满动力，想要表现出最好的一面。

◎不要追究责任，而要全心找出必要的解决办法，以及可以怎么解决眼前的问题。

◎万一员工的尝试出了错，要承担起100％的责任。站出来表示："这个错误由我负责"，这样可以让所有人都放心而致力于找出解决办法。

关键思维

跟目前的事情比起来，将来和过去的事情，微不足道。

——爱默生，19 世纪美国文学家

经理人若想要营造高绩效的环境，最好的办法就是赶走害怕。事实上，考评高绩效团队最好的指标，就是看成员能不能大胆质疑老板，反对他的想法或决策。团队成员越有自由可以畅所欲言、表达自己的意见，工作环境就会越正面、越强大。

——博恩·崔西

六　让大家都有赢家的感觉

每个人都希望有赢家的感觉。成为赢家团队和赢家公司的一员当然很棒，但在某个时候，人人都更希望自己被视为赢家。要做到这点，必须规划出工作的架构，让员工大多数时候都觉得自己像个赢家。

要让所有人都有赢家的感觉，最有效的方法就是把组织的重大胜利记录下来。明智的领导者会在工作过程中特意画出许多任务终点线，让每个人都有很多机会体会到赢家的感觉。

IBM替公司的每一位业务人员都订出业绩目标，借此建立起世界顶尖的业务部门。业绩目标经过了完善的规划，让70％的业务人员能够完成业绩，然后进入“100％俱乐部”。这个俱乐部的成员可以享有特别的红利，还有比较好的休假福利待遇。公司会表扬完成业绩的那70%业务人员，同时也鼓励30%没能完成业绩的业务人员去接受更多教育培训，让他们明年能够完成业绩。这种激励模式极为成功，促使IBM在20世纪80年代的电脑销售量，占全球电脑销售量的80%。

那么，该怎么让公司员工大多数时候都有赢家的感觉？

◎设定明确的目标——目标要具体、可评估、可实现、务实且有时限。想要制造高动机，就必须让组织各个层级的人员，确切地了解你对他们的要求。

◎建立具体的评估指标——必须让员工了解任务终点线在哪里，他们才有办法跑赢比赛。有个很好的方法是，把大目标划分成好几个小目标。这样当员工实现短期目标时，即有助于迈向整体成就，也能多次营造出赢家的感觉。

◎为员工持续营造成功经验——依照员工的经验和能力，给予小规模、可完成的适当工作内容。明智的领导者会调整工作内容，必要的话还会请其他人来协助进行，以使每一位员工都能够在过程中建立起自信心。

◎公开表扬员工的成就——使完成阶段性任务成为值得纪念的时刻。团队成员受到公开表扬，可以激励他们更努力工作。

◎给予各种有形无形的奖励——肯定员工卓越的成绩，表扬当然很好，不过有时还是必须提供一些实质奖励，激励才会见到效果。奖励的方式有多种——分红、现金奖励、运动赛事门票、演唱会门票、高级餐厅的礼券等等。要尽一切努力让员工有赢家的感觉，借以营造出高绩效的环境。

要让大家都有赢家的感觉，还有一个方法，就是要懂得授权。授权可以帮助你激发出员工的最大潜能，如果你能有效授权，然后放手让员工好好去做，就可能取得绝佳的成果。

有效授权的关键在于 7 个方面：

◎选派合适的人选担任合适的职务。

◎要员工 100％负责，就要让员工产生责任感。

◎所指派的任务，要以特定成效和可考核的结果为目标。

◎授权后也要参与和讨论，尽量让所有人的想法达成一致。

◎每一项工作都要设定清楚的完成期限。

◎充分授予权力，让员工可以好好做事。

◎授权之后，就要放手让员工去完成工作，不要事必躬亲。既然已经授权了，就要鼓励员工好好去做，不要又把工作拿回来。

七　把合适的人安排在合适的位置

作为领导者，最主要的挑战就是要找到优秀人才，然后营造良好的环境，“物尽其用，人尽其才”让人才有最优异的表现。组织的成败，绝大部分取决于你选择人才的能力，要明智选择。

卓越的经理人会识别并招聘杰出人才并加以塑造，让他们脱胎换骨。但这一切都要从请到合适人才开始，所以你必须努力加强识才用才的能力，让自己有机会找到合适的人才加入你的事业。

一般的经理人会觉得，他们聘请的人大约有1/3的人表现杰出、1/3的人表现平平，还有1/3的人对公司来说是灾难一场。你的职责是要设法让成功概率增加。要招聘到优秀人才进入团队，可以采取以下办法：

◎先想清楚你要“请”谁离开公司——有哪些员工表现不好，必须换更优秀的人进来。先归零思考，问自己：“公司里有没有哪些员工，如果今天来跟我说要离职，我不会感到可惜，不会想要留住他们?”这么做显然不容易，不过要重整工作环境，迈出第一步，就是要请表现不佳的人离开。

◎招聘人才要更系统化——要建立一套完整方法，不要随机碰运气找人。拟定工作说明书并建立个人档案，好好思考作出审慎的判断，不要有人来应聘就录取。具体列出你希望达到的目标，然后以此去找才能和专长适合此职位的应聘者。

◎面试时，要注意应聘者的技能和经验——这两样对你来说，会比对方的学历更有价值。如果应聘者具备你招聘职位所需的技能，而不需你再去培养，你会更快实现目标。

◎拟定详细的岗位职责说明——以便在短时

间内评估应聘者。有了这项工具，你就可以通过电话先和应聘者沟通，很快排除掉明显不适合的人选，以提高效率，选出少数几位合适的人选亲自碰面。

◎招聘人才的过程中，要运用“33法则”——每个职务至少要面试3位应聘者，且每一位应聘者要请3个人面试，这样你才能真正了解应聘者。招聘人才应该是团体的决策，所以不妨请团队一起来决定该找谁加入，这也有助于新进员工适应环境。多人的肯定，会使他们觉得身边都是朋友。

◎招聘和面试时要去寻找SWAN的4项特质——也就是要找聪明（S）、努力（W）、进取（A）和正直（N）的人。聪明的人会持续学习；努力的人为了成功愿意尽一切所能；进取的人会期望将来可以因为表现优异，而获得更丰厚的收入；正直的人更具有责任心。

◎特别小心很会说话的应聘者——这种人面

试时会表现很好，进来之后却发现根本不胜任。要特别注意对方过去的表现，仔细查看履历，尽量避开不胜任的人。

不论你的企业是哪一行，在录用人才的时候都不能急躁。要花几天好好去思考。问问自己：想不想跟这个人共事多年，或者如果邀请他到你家跟家人共进晚餐，会是什么样子。另外，要长期记录你用人决策的结果，持续这么做，可以帮助你越来越懂得如何用人。

关键思维

最杰出的主管要具备敏锐的嗅觉，可以挑选杰出人才去完成设定的工作。还要有充分的自制力，在人才进行工作时不插手干预。

——西奥多·罗斯福，第26任美国总统

找到对的人加入，把不适合的人请下车，然后让对的人坐到车子里对的位置。

——詹姆·柯林斯，《从A到A^{+}》作者

八　培养“绩效就是一切”的心态

经理人和领导者的最终目标，就是要实现绩效目标。你的所作所为都必须聚焦于此，因为对任何组织来说，绩效才是最重要的。你不是拉拉队成员——身为经理人和领导者的职责，就是要实现绩效目标。

拿一张白纸，写下你对下列4个问题的具体答案：

◎公司期望你这位经理人，实现哪些具体、可考核的绩效目标？列出公司针对你这个职位，希望能实现的所有绩效目标。

◎按照优先顺序排列。在排先后顺序的时候，要选出一项在实现之后，会对你职业生涯有最大影响的绩效目标。

◎专心思考上面选出的那项关键绩效，接着

写下你要如何判断绩效目标已经完成，有哪些指标可以用来考核这方面的进展。

◎接着要针对这个问题，为自己和团队设定远大的目标，然后想出可以采取哪些小规模的步骤，朝大目标迈进。接下来要集中所有心力，完成这些步骤。设法重新规划工作时间，尽可能把时间和精力花在这项目标上。

在企业管理方面，“3的法则”一向很适用：

◎你的公司有3项业务，占了销售量、收入、获利等的90％。

◎你公司的产品或服务有3项关键的成效是顾客最重视的。

◎在你负责的工作之中，有3项占了你对公司贡献的90％。

因此，有一件事情非常值得去做，就是将你列出的1项关键绩效目标，增加为3项能为公司创造最大价值的绩效目标。再从这3项绩效目标之中，找出3件最应该去做的工作，然后马上开始进行其中最重要的一件。要求自己要全心全意，努力完成那项工作。

等你判断出你个人应该完成哪3件最重要的工作之后，就可以把这个方法应用在你的团队，甚至是整个公司。帮助团队找出你们必须完成哪3项关键绩效目标、如何分工，以及这项任务的重要性何在。在现今这个复杂和变化的年代，你需要随时不断明确大家该做哪些事情。

要建立高绩效的工作环境，有5项关键：

◎建立共同的目标和方向——并且要清楚、具体地加以阐释，让所有人都能够理解和接受，使每个人都朝同一个方向迈进。

◎讨论共同的价值观——使所有人对于该如何实现组织的目标能够建立起共识。记下你们所要追求的价值，使其清楚明确。

◎拟定行动方案——使所有人都能了解其他人在做些什么，又为何要做。让大家知道其他团队成员要实现什么目标，才有办法助其一臂之力。此外还要让大家一起思考，如何让一切进行得更顺利。

◎展现卓越的领导才能——要尽量帮助每位团队成员尽到各自的职责，确保他们能够获得必要的资源，并为其去除障碍。

◎建立可持续的评估机制——让大家可以了解到自己目前进行得如何，有哪些地方需要改进。如果没有持续给予意见，员工就没办法进行必要的中途修正。高绩效团队会评估工作目前的状况，然后找出办法加以应对。

关键思维

如果你致力于你的目标，你的目标将反过来给你助力；如果你致力于你的计划，你的计划也将助力于你。无论我们在塑造什么美好的事物，其实都是在塑造自己。

——吉米·罗恩，美国成功学大师

领导者的职责，就是要花时间思考透彻团队的理想架构。务必找出团队为了实现绩效目标，必须具备哪些必要的才能和技能。在招聘人才时，人格和技能一样重要。由快乐的人组成正面积极的团队，共同朝清楚的目标和方向努力，即使面对市场上强大的竞争，也能够取得超凡的成果。能规划出这样的理想团队，并且持续努力帮助团队发挥最大的潜能，大概就是你对公司所能作出的最大贡献。

——博恩·崔西

如果你没办法向一个 6 岁孩子解释你想要做什么，那么大概你自己也还不太清楚要做什么。

——爱因斯坦

厘清思路是必要条件，而持续则是关键。哪一项绩效最能帮助你和你的事业？不论那是什么，先规划，然后每天都集中心力去实现这项绩效目标。

——博恩·崔西

九　尽力成为杰出的领导者和经理人

成功的领导者和经理人，都是以绩效为导向的，而且是天生的行动派。他们会一直渴望行动，而且每天为自己设定快速的工作节奏。要成为行业领域中的佼佼者，就要养成习惯，每天充满能量。

企业管理有以下关键原则：

◎清楚明确是根本要务——如果你要通过其他人取得成果，就必须清楚说明你的要求。清楚明确说明工作任务就像是成功管理的跳板。

◎卓越能力是关键所在——立志在顾客最重视的事情上做到最好。在这些方面设定高度的绩效标准，还要接受批评并自我修正。

◎找出阻碍——找出所有会羁绊你前进的瓶颈和障碍。思考组织可以采用什么方法，去克服这些内在和外在的阻碍，然后努力克服。

◎尽情发挥创意——拿一张纸，在上面写："未来两年，我们怎样让业绩翻两倍?"然后写下20个答案。再从你列出的答案中，选定一项马上加以执行。立即采取行动，你将会对自己的成果感到惊喜。

◎专心致志——永远要在一件最重要的事情上面集中精力。要求自己持续做到这点，你的领导成就将会加倍。

◎勇敢实践自己的信念——为了实现目标，必要时要敢于冒险跨出自己的舒适圈。一旦实际去做自己害怕的事情，那些担心害怕就会自然消失。

◎提升声誉，培养人格——最重要的是要诚实正直。领导者必须百分之百诚实，千万不要为了短期的收获和一时的好处而失去原则。

◎事先做好详尽规划——能否清楚预见该做哪些事情，是经理人非常重要的技能。养成将你的构想化为书面计划的习惯，让其他人可以共同参与，扮演关键角色。

◎养成习惯，在工作开始之前先安排妥当——要确保能够取得达到目标所需的所有资源。经理人安排得越妥当，就能让团队和组织释放出越大的能量。

◎为团队各个层级找到适合的人才——挑选合适的人去完成工作。如果有人无法完成必要的工作，就请他另谋高就。杰出的经理人在这方面会快刀斩乱麻，不会任由问题恶化和扩大。

◎学会有效地分工授权——经理人如果做不到这点，就没有未来发展可言。每个人都要学会授权，并让自己分工授权的能力可以一直进步。

◎了解员工是否落实你的要求——积极掌握工作进度，并确认各项必要工作能不能在时限和预算内完成。至少要花75%的时间进行“流动式管理”，接触一线员工，了解他们的工作状况，并给予鼓励和激励。要感谢他们，还要向他们学习。这正是你的职责。

◎随时让老板掌握状况——不论何时，一旦有不寻常的情况发生，都要告诉老板你要怎么解决，并时时向老板汇报状况。

◎努力维持高生产力——经理人最重要的职责。你要负责达到目标，并思考未来要如何才能做到更好。要经常重新安排和规划工作，以提升产品和服务的品质，同时还要降低成本。

◎不断追求品质——开创出一块领域，让它成为你竞争优势的根基，然后集中组织上下的优势，成为这个领域里独一无二的佼佼者。这么做，将改变你的未来。

◎做好持续进步的规划——让所有人可以一起努力让公司更好。勾勒出你的理想，然后努力加以实现。去思考必须作出哪些改变，然后努力做到。

◎永远不要停止创新——创新是卓越企业的标志。以你的竞争对手为标杆，然后设法超越这些标杆。开创新的产品和服务，然后想出更好的方法让顾客获得这些商品。要不停思考更理想的方法。

关键思维

所有成功的经理人，都以绩效、解决方案和行动为导向。很多人的管理能力没办法成长，就是因为不作新的尝试，死守在自己的舒适圈之中。这些人不断重复同样的旧方法，然后还想不通为什么结果都是一样。事实上，越快展开行动，你就能获得越好的成果，也会越有成就感。越快展开行动，你就会越有自信和勇气，也会越快成为杰出管理者。

——博恩·崔西